"十四五"职业教育国家规划教材

万通汽车教育
WONTONE AUTOMOTIVE EDUCATION

"互联网+" 汽车车身维修技术系列规划教材

U0740769

汽车钣金修复技术

AR版

◎ 何扬 主编

◎ 高元伟 何疏悦 副主编

◎ 魏俊强 主审

人民邮电出版社

北京

图书在版编目（CIP）数据

汽车钣金修复技术：AR版 / 何扬主编. -- 北京：
人民邮电出版社，2018.8
"互联网+"汽车车身维修技术系列规划教材
ISBN 978-7-115-48724-7

Ⅰ. ①汽… Ⅱ. ①何… Ⅲ. ①汽车－钣金工－高等职
业教育－教材 Ⅳ. ①U472.4

中国版本图书馆CIP数据核字(2018)第139909号

内 容 提 要

本书是"互联网+"汽车车身维修技术系列规划教材中的一本。全书共有 3 个模块，主要内容包括车身微钣金修复技术、特殊材料修复技术、车身板件拆装工艺。每个模块涵盖多个学习任务，在每一个学习任务后面还提供了基于 AR 技术的多媒体图片，手机等移动终端下载并打开"智慧书"App，扫描图片即可观看相应知识的短视频，并可进行在线答题及查看答案。

本书可作为职业院校汽车车身维修技术及相关专业的教材，也可作为相关从业人员的参考书。

◆ 主　　编　何　扬
　　副 主 编　高元伟　何疏悦
　　主　　审　魏俊强
　　责任编辑　王丽美
　　责任印制　马振武

◆ 人民邮电出版社出版发行　　北京市丰台区成寿寺路 11 号
　　邮编　100164　电子邮件　315@ptpress.com.cn
　　网址　http://www.ptpress.com.cn
　　天津裕同印刷有限公司印刷

◆ 开本：787×1092　1/16
　　印张：9.25　　　　　　　　　2018 年 8 月第 1 版
　　字数：210 千字　　　　　　　2025 年 8 月天津第 21 次印刷

定价：42.00 元

读者服务热线：(010)81055256　印装质量热线：(010)81055316
反盗版热线：(010)81055315

编委会

序　言

　　今天，我国的汽车产业比历史上任何时期都更接近实现汽车强国目标。在这个伟大时代，能够投身于中华民族伟大复兴事业之中，我们是幸运的。

　　当前，全球正处于以信息技术、网络技术和大数据为主要支撑的技术剧烈变革期。"变"是主题，而如何求变才是我们的着力点。作为汽车产业民营教育的先行者之一，万通汽车教育应该、也有能力承担起引领汽车职业教育变革的责任。

　　我欣喜地看到，在汽车车身维修（钣金和喷涂）技术专业的教材中，出现了"AR视频显示＋在线交互＋后台大数据"这些信息化的教学手段。我一直比较赞赏一些职业教育专家所倡导的职业教育教学模式转变就是要使学生"喜欢听、听得懂、用得上"的理念，让静态和动态相结合，让问题与答案交互进行，让老师的"教"和学生的"学"自然融为一体。这套教材就是上述理念的具体实践。

　　希望万通汽车教育模式的创新思维更多地与教学实践相结合，真正实现兴趣教育，使学生掌握真本领。最终目标只有一个：为建设创新型国家培养更多的"大工匠"。

中国汽车工程学会副秘书长
中国汽车职业教育集团理事长

前　言

一、编写本书的目的

随着我国汽车保有量的不断增加，汽车事故的发生率及事故车辆的维修数量明显增加，汽车维修行业高素质技能人才越来越紧缺。

互联网的飞速发展，让手机、网络、多媒体等占据了我们大部分的时间，让我们每时每刻都淹没在信息的海洋中。传统的理论多实践少、略显枯燥的纸质教材，给职业教育的人才培养带来了困扰。

职业教育的目标是让受教育者专注学习既专业又实用的知识，党的二十大报告提出，要"坚持问题导向""坚持系统观念"，给我们指明了只有经过脚踏实地的学习、实践和训练，才能真正掌握一门技能。2016 年 6 月，万通汽车教育与人民邮电出版社合作的"O2O 在线教育图解"系列教材出版，该系列教材附动画 / 高清视频二维码链接，集场景、知识、案例于一体，受到了广大职业院校的认可和欢迎。2018 年，万通汽车教育与人民邮电出版社再度携手，推出了"互联网 +"汽车车身维修技术系列规划教材，为读者提供一种"知识讲解 + 操作步骤演示 + 在线答题"全方位学习汽车车身维修技术的解决方案。

二、本书内容特点

本书根据汽车车身维修工作标准及规范，参考汽车车身维修技术专业标准编写而成。本书达到了"教学做一体化"的实用性目标，体现了产教融合的教学特点。

1. 落实立德树人根本任务

贯彻二十大报告所提出的"育人的根本在于立德。全面贯彻党的教育方针，落实立德树人根本任务，培养德智体美劳全面发展的社会主义建设者和接班人"。本书依据专业课程的特点提出职业素养培养目标，弘扬了精益求精的专业精神、职业精神和工匠精神。

2. 模块教学，任务驱动

本书采用"模块教学，任务驱动"的模式编写。全书共 3 个模块，主要内容包括车身微钣金修复技术、特殊材料修复技术、车身板件拆装工艺。每个模块涵盖多个学习任务，每个学习任务中按具体工作内容又设置"学习目标""相关知识""知识拓展""任务总结""问题思考"等环节。另外，书中还穿插了"提示""思考""案例分享"等小栏目，以拓展读者知识面，增加阅读兴趣。

3. 校企合作，双元开发

本书由职业院校教师和企业专业技术人员共同开发，由教学经验丰富的教师执笔，企业提供真实项目案例。本书的理论知识与项目实践相结合，保证了教材的职业教育特色。

4. 重在实操，资源丰富

本书结合文字内容以二维码的形式插入配套的教学视频，读者可通过手机等移动终端扫描码学习。本书的每一个学习任务后面还提供了基于 AR 技术的多媒体图片（带"AR 汽车钣金"字样的图标），手机等移动终端下载并打开"智慧书"App 扫描图片后即可观看相应知识的短视频，并可进行在线答题及查看答案。此外，本书还提供了 PPT 课件等教学资源，读者可登录人邮教育社区（www.ryjiaoyu.com）免费下载使用。

5. 全彩印刷，制作精美

为了增加读者的学习兴趣，使读者更直观地观察操作方法、实际工作情况，本书采用全彩印刷，让读者在赏心悦目的阅读体验中快速掌握汽车车身维修技术的各种技能。

三、致谢

2017 年全国职业院校汽车专业教师能力大赛维修钣金、维修涂装赛项专家组副组长，2018 年全国职业院校技能大赛汽车方向专家组成员何扬任本书主编并主持了全书的系统设计、编审及视频编导工作，辽宁省交通高等专科学校高元伟和南京林业大学风景园林学院何疏悦副教授任副主编。全书由 2017 年全国职业院校汽车专业教师能力大赛维修钣金赛项裁判长魏俊强高级工程师主审。编委会顾问、丛书副主编、编委对本书提出了很多积极的建议。万通汽车教育研究院王亮、杨九柱、邹强、伍炜、卢友淮、张国栋、朱雯负责审校。何疏悦副教授、安徽天恩信息科技有限公司江学如和万通汽车研究院叶永辉参与了本书的系统设计。中国汽车工程学会副秘书长、中国汽车职业教育集团理事长闫建来先生为本书作序。安徽天恩信息科技有限公司江学如、白伟、方勇负责 AR 视频及交互系统软件的开发。万通汽车教育研究院刘有龙、俞鹏、朱雯、王亮、吴阳、刘伟负责视频制作。南京帕博汽车养护连锁企业提供了微钣金设备和技术指导，为本书的出版提供了很大的支持。人民邮电出版社对此项目高度重视，派出强有力的团队给予支持。在此一并表示感谢！

由于编者水平有限，书中难免存在不足，敬请读者批评指正。

编　者
2023 年 5 月

目　　录

从我国汽车维修行业的发展趋势来看，受汽车新技术应用、汽车维修工艺发展、汽车维修组织的业态变化、消费者需求等因素的影响，汽车维修作业工种和内容正在发生变化。随着汽车保有量的快速增加，碰撞事故频次加大，汽车维修企业不仅维修模式从以前的维修变为保养维护，钣金也从单一的维修模式转变为以表面简单损伤（小刮小蹭）修复为主、事故车综合修复为辅。汽车钣金维修技师，特别是中、高级技术人才的短缺，已成为阻碍汽车维修企业可持续发展的重要因素。综合以上几方面的原因，一些学校开设了"汽车钣金修复技术"这门课程。开设这门课程的目的在于帮助学生（或读者）全面理解与掌握碰撞车辆车身修复的基本知识、工艺方法和常用钣金工具、设备的使用方法，熟练掌握车身轻微和中等变形部位钣金修复的技能及修复后的检验标准，并使学生对事故车的鉴定与评估、碰撞车辆查勘与定损等方面的知识有所了解。

微课

职业素养

微课

工匠风采

1. 车身维修的意义和要求

（1）车身维修的意义

车身维修的意义在于完善车辆的整体使用性能，恢复车身各部位的机能，保证车辆正常使用的各项指标，尤其是安全性指标。车身维修中对车身各部位检查、修复的质量直接关系到人们的生命财产安全，并不仅仅是车辆外形的美观和车辆本身价值高低的问题。车身维修技师要牢固树立以维修质量为本的指导思想，摒弃以往以外观修复为目的、只注重表面而忽视整体强度的维修方法和不适合车身发展现状的维修技术，努力学习新技术、新知识，不断完善自我，力求更好地完成每一项车身维修工作。

（2）车身维修的要求

车身维修具有维修工艺复杂、车身材料多样和修复质量不易检验等特点，所以，必须根据车身损伤的部位和类型采用科学合理的修复方法进行车身修复。在保证维修质量的同时，兼顾维修效率和经济效益。车身维修既要保证维修后的安全性和行驶性能，还要保证外观的质量。对车身维修总体的要求如下。

① 确保车身各要素与基准要素之间的相互位置准确可靠。

② 恢复车身结构件的刚度与强度。

③ 保证车身各部件的性能良好。

④ 恢复车身亮丽的外观，提高车身抵抗外界侵蚀的能力。

2. 主要学习内容

本书的主要内容包括车身微钣金修复技术、特殊材料修复技术和车身板件拆装工艺 3 个模块。

（1）车身微钣金修复技术

车身微钣金修复技术模块由手工修复工艺、钣金修复机修复工艺、微钣金组合工具修复工艺和微损伤免漆修复工艺 4 个学习任务组成，主要介绍钣金锤、顶铁等手工工具的使用方法，正确使用钣金修复机修复变形的车身板件的方法，根据损坏类型选择微钣金组合工具进行修复的方法以及微损伤免漆修复的工艺流程等内容。

（2）特殊材料修复技术

特殊材料修复技术模块由铝合金板件修复与校正技术、塑料件修复技术、皮革材料修复技术、玻璃材料修复技术和轮毂修复与翻新技术 5 个学习任务组成，主要介绍铝合金板和钢板在维修时的区别、铝合金专用维修设备的使用方法、塑料件的校正和修复方法、皮革材料的修复工艺、玻璃微损伤修复工艺、汽车前照灯翻新工艺以及轮毂的修复与翻新工艺等内容。

（3）车身板件拆装工艺

车身板件拆装工艺模块由车身覆盖件拆装工艺、车身附件拆装工艺、玻璃及密封件拆装工艺和车身密封及降噪工艺 4 个学习任务组成，主要介绍车门、发动机盖等主要车身覆盖件的拆装与调整，汽车座椅、转向盘组件和仪表板的拆装与调整，挡风玻璃的拆装方法以及车身密封和降噪工艺等内容。

学习任务一　手工修复工艺

□ 学习目标 □

（1）能够正确描述各类型车身修复工具的用途。
（2）能够使用钣金锤和顶铁修复变形的车身板件。
（3）能够根据板件损坏的类型选择合理的维修方式。
（4）了解车身钣金手工修复的基本工艺。
（5）培养爱岗敬业的价值观，建立专业自信、实践创新的工匠精神。

□ 相关知识 □

车身的钣金修复工艺要根据损伤程度、损伤类型和车身材料等条件来选择适当的修复方法，从而恢复车身原件的形状和性能。手工修复工艺是最传统的修复工艺之一，通常由维修技师一手持钣金锤，一手持顶铁或其他工具进行修复。维修质量主要取决于维修技师的技巧和经验，而好的维修技术并不是一朝一夕能够习得的，因此，为保证维修质量，提高维修效率，现代车身维修多数情况下采用专业设备进行，但部分特殊位置和设备修复后的微钣金仍需要手工操作。

一、钢板的内部结构和物理特性

1. 钢板的内部结构

钢材和所有金属材料一样，也是晶体结构，它是铁-碳合金晶体。其晶体结构中，各个原子以金属键相互结合在一起，这种结合方式决定了钢材具有很高的强度和良好的塑性，如图 1-1 所示。实际上，钢材的晶格并不都是完全地规则排列，而是存在许多缺陷，它们将显著地影响钢材的性能，这是钢材的实际强度远比理论强度小的根本原因。

钢材的力学性能由其内部晶体结构和化学成分所决定。在车身损伤维修时，钢材的化学成分不会发生变化，但在敲击、拉伸和加热的情况下，钢材的内部晶体结构可能发生变形，导致微观力学性能发生很大变化，从而改变车身的结构性能。

只有充分了解金属材料的性能，才能对车身的损坏做出正确的诊断，从而以此为依据制订合理的维修方案。

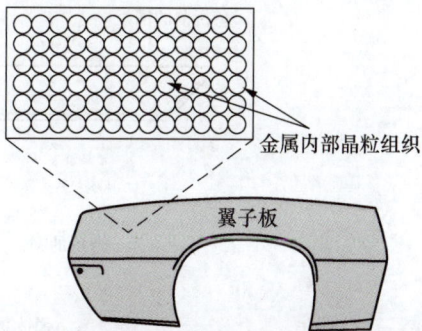

金属内部晶粒组织

翼子板

图 1-1　钢板的内部结构

2. 钢板变形的类型

（1）弹性变形

弹性变形指钢板在受到外力作用时产生形状或者尺寸的变化，去除外力后，能够恢复的变形。如图 1-2 所示，左边是钢板的结构示意图，右边是形象化的示意图。

（2）塑性变形

塑性变形是钢板在一定的条件下受外力作用产生形变，当施加的外力撤除或消失后却不能恢复原状的一种物理现象，如图 1-3 所示。

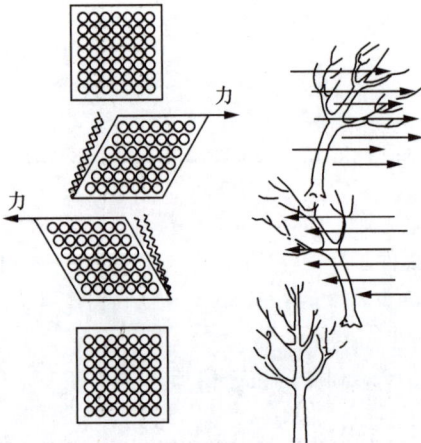

图 1-2　钢板的弹性变形　　　　　图 1-3　钢板的塑性变形

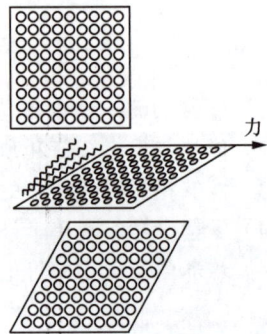

产生塑性变形的部位周围都会产生弹性变形。当汽车在碰撞过程中受到损坏而发生永久变形时，应通过拉伸、压缩、收放等作业，将塑性变形消除（弹性变形也会随之消失），使车身恢复到原来的形状。

3. 加工硬化

金属材料在再结晶温度以下产生塑性变形时，强度和硬度升高，而塑性和韧性降低的现象称为加工硬化，又称冷作硬化。产生加工硬化的原因是，金属在塑性变形时，晶粒发生滑移，出现位错的缠结，使晶粒拉长、破碎和纤维化，金属内部产生了残余应力。加工硬化产生过程如图 1-4 所示。

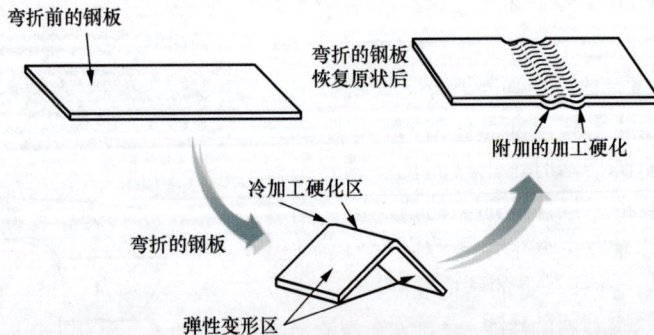

图 1-4　加工硬化产生过程

在薄钢板上制造许多的拱起（也叫"筋"）可以强化钢板，进而强化车身，如图 1-5 所示。因为碰撞使车身变形而产生的加工硬化，会使板件修复增加难度，甚至无法修复。

在维修过程中应该准确认识加工硬化的作用，采取正确的校正方法把损伤件修复好，也要注意不能伤及在制造过程中形成的冷加工硬化区，否则会破坏车身的强度。可以通过锤击和控制加热的方法处理，让金属材料内部的变形晶粒有所松弛，消除畸变，进而恢复板件的形状，消除内部应力，如图 1-6 所示。

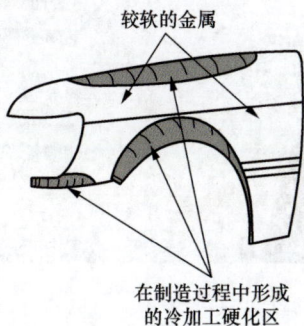

图 1-5　板件原有的加工硬化

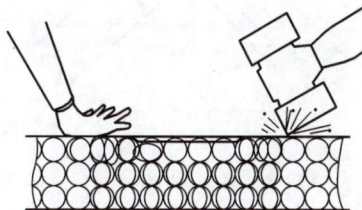

图 1-6　应力消除方法

提示

如前所述，钢板发生简单的变形后，内部变化如此复杂，因此应仔细研究钢板的内部结构。只有弄清楚内部原理（尤其是弹性变形（可以还原）、塑性变形（不可还原）、应力 3 个基本概念），在车身维修时才能更好地修复损伤。

二、车身板件损坏类型

金属板件上的损坏一般分两种，即直接损坏和间接损坏，如图 1-7 所示。直接损坏是指碰撞的物体与金属板件直接接触而造成的损坏，通常以擦伤、划痕和断裂的形式出现，用眼睛就可以观察到。在所有损坏中，直接损坏占 10%～20%。碰撞除产生直接损坏外，还会产生间接损坏，在所有损坏中，间接损坏占 80%～90%。各构件所受到的间接损坏基本相同，它会产生弯曲、压缩等。间接损坏又分为折损和挤压变形。这其中造成车身结构损伤的情况所占比例会更少。

1. 折损

折损分为单纯铰折、凹陷铰折、凹陷卷曲、单纯卷曲。在车身板件的损坏中，卷曲损坏的情况较多。

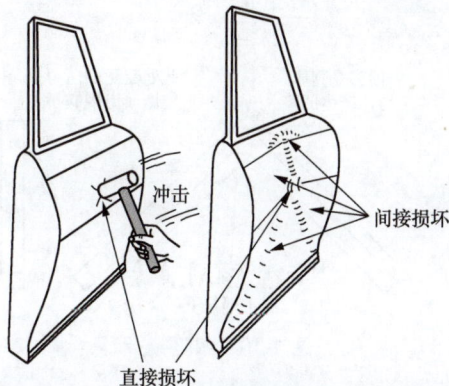

图 1-7　损坏类型

（1）单纯铰折

单纯铰折也叫单纯折损，它是沿着一条直线发生弯折，金属上部受拉而产生拉伸变形，下部受压产生压缩变形，中间层不发生变形，如图1-8所示。单纯铰折的整个过程像一条铰链一样，沿着长度方向均匀地弯曲。这种折损常出现在薄板覆盖件中，如图1-9所示。

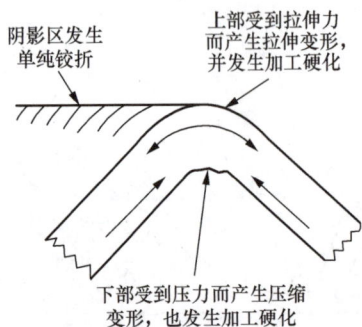

图1-8　单纯铰折

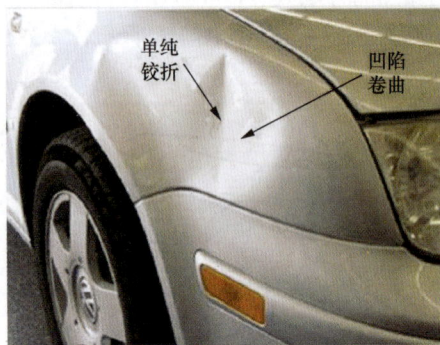

图1-9　单纯铰折与凹陷卷曲

（2）凹陷铰折

箱形截面的弯曲与实心板相同，不同之处是箱形截面中心线处没有强度，所以顶部会出现凹陷，底部会出现铰折，侧面会产生皱折，如图1-10所示。校正时若不加注意，顶部的表面也会铰折，从而造成严重的全面收缩。凹陷铰折常出现在结构梁、门槛板、风窗支柱、中立柱、车顶梁等构件中。

（3）凹陷卷曲

当折损穿过金属板时，会使金属板的内部向外翻卷，折损部位长度增加，这种变形叫凹陷卷曲，如图1-9所示。

（4）单纯卷曲

发生凹陷卷曲时，在凹陷部位旁边发生的折损与凹陷卷曲形成一个箭头形，称为单纯卷曲，如图1-11所示。

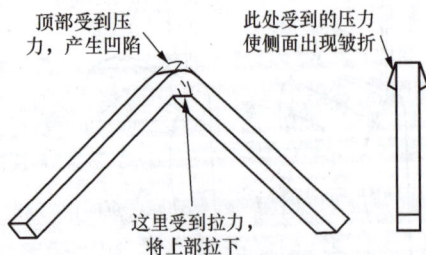

图1-10　凹陷铰折

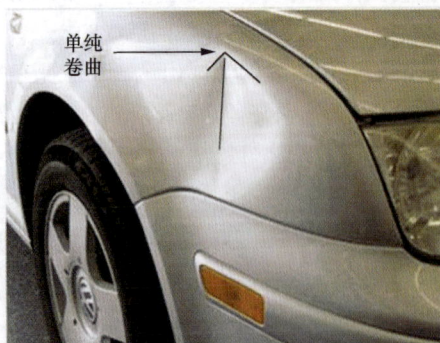

图1-11　单纯卷曲

2. 挤压

各种金属板件受挤压后，会有不同程度的拱起，拱形高的称为"高拱形"，拱形平坦的称为"低拱形"。金属板上低于原来高度的损坏区域称为"拉伸区"，超出原来高度的损坏区域称为"压缩区"，如图1-12所示。

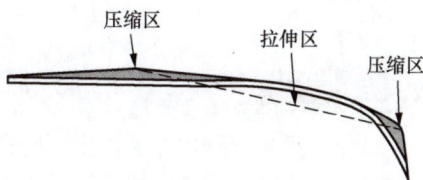

图 1-12　挤压损坏

汽车外部面板上的拱起类型有以下3种：单曲拱形变形、复合拱形变形和双曲拱形变形。

（1）单曲拱形变形

单曲拱形变形的金属板纵向平坦、横向拱起，常见于车身的翼子板、车门等侧面部位。当在金属板拱形顶部施加一个力时，在纵向受到拉伸，在横向受到压缩，如图1-13所示。

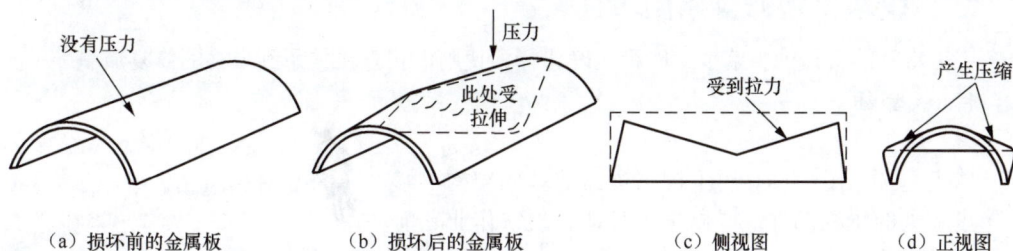

（a）损坏前的金属板　　　　（b）损坏后的金属板　　　　（c）侧视图　　　　（d）正视图

图 1-13　单曲拱形变形

（2）复合拱形变形

复合拱形变形就是平面和拱形的组合，常见于车身的发动机舱盖、行李箱盖等部位。板件压力p，方向由上向下，由于拱形处金属的强度比平面处大，抵抗能力强，所以凹陷卷曲P到BC段的长度小于P到BF段的长度。在金属板受到损坏时，P两边受到的力相同，但左侧金属损坏的面积较大，如图1-14所示。

（3）双曲拱形变形

双曲拱形变形就是金属板在两个方向都有拱形变形，常见于车身的车顶、保险杠等部位。在拱形变形的表面上发生的弯曲折损会扩散到离它最近的平坦区，但在双曲拱形变形的金属板上，卷曲通常会从受到碰撞处向各个方向传播，如图1-15所示。

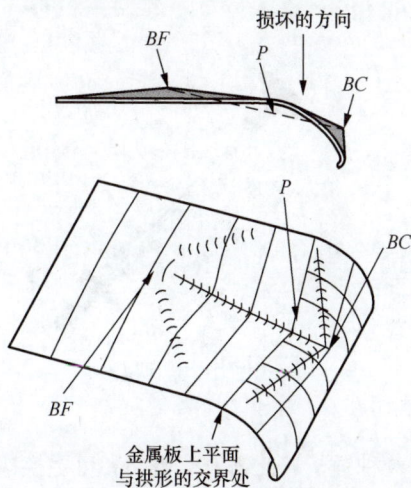

图 1-14　复合拱形变形

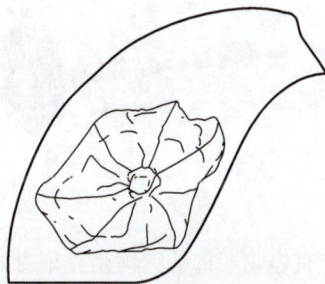

图 1-15　双曲拱形变形

提示

掌握板件变形的原理对于判断损伤类型并选择合理修复方式非常重要，无论车身碰撞是什么形式的，都一定会遵循以上所述的规则产生变形。掌握这个原理，就可以有针对性地选择修复方式进行维修。

三、钢板损伤修复常用工具

手工修复的工具种类繁多，能否正确选择和使用，将直接关系到最终的修复质量。

1. 钣金锤

（1）球头锤

球头锤（见图1-16）用于校正弯曲的基础结构，修平厚度较大的钢板部件，或修平车身锤和顶铁作业之前粗成形的车身部件。一般球头锤的质量为250～500g，在车身维修中大量使用这种锤。

图1-16　球头锤

（2）橡胶锤、木锤

橡胶锤或木锤（见图1-17）用于柔和锤击薄钢板，其不会损伤喷漆表面。它经常与吸盘（见图1-18）配合用于大面积的凹陷修复上。先用吸盘将凹陷处拉起，再用橡胶锤围绕着高起的点按圆周状轻打。

提示

橡胶锤一般用于初始的大面积粗修复，木锤在后期与顶铁配合精修板件表面，可防止板件的延展变形。

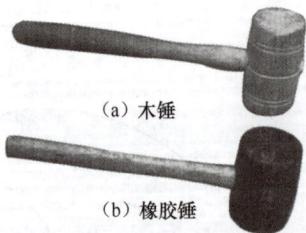

（a）木锤

（b）橡胶锤

图1-17　橡胶锤和木锤

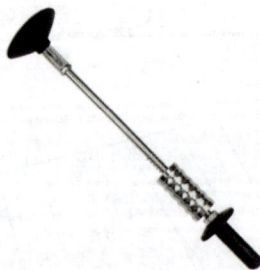

图1-18　吸盘

带有橡胶端部的钢锤是在车身维修中使用的另一种锤子。此锤兼有硬面和可更换橡胶头的软面，有时称为软面锤。它用于镀铬钢维修或其他精密部件的维修，不会损伤部件表面的光洁度。

（3）轻铁锤

轻铁锤（见图1-19）是修复钣金件的第一阶段所必需的工具，用来敲打损坏的金属板使其大致恢复原形，或在更换金属板时用于清理损坏的金属板。根据《钢锤通用技术条件》（GB/T 13473—2008）中的分类，这种铁锤属于石工锤，且属于质量较轻（1 000 ～ 2 000g）的一种，所以通常称之为轻铁锤。轻铁锤通常装有一个短把柄，方便其在狭窄的地方使用。

（4）车身锤

车身锤是连续敲打钣金件以恢复其形状的基本工具。它有许多不同的设计，有方头、单头、圆头及尖头，每种形式都是为不同用途而设计的。下面介绍几种常见的车身锤。

① 镐锤。镐锤（见图1-20）能修复许多小凹陷。其尖顶用于将凹陷从内部锤出，对中心进行柔和的轻敲。其平顶端与顶铁配合作业可以去除高的点和波纹。镐锤有多种形状和尺寸，有些有锐利的锥形尖，有些则具有钝的锥形尖。使用镐锤时要小心，若敲击力量过大，尖顶端可能戳穿汽车上的薄钢板，所以镐锤只能在修复小的凹陷时使用。

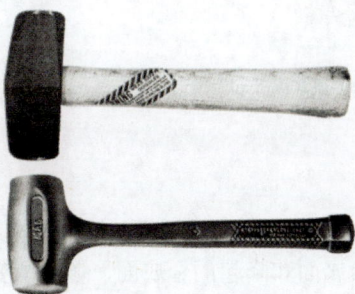

图1-19　轻铁锤

图1-20　镐锤

思考

锤子虽小，种类多样，大家都知道它们各自在什么情况下使用吗？

② 冲击锤。大的凹陷需要使用冲击锤（见图1-21），这种锤的质量一般为250 ～ 500g，锤面一面是拱形的，另一面是平的。此锤顶面大，打击力散布在较大的面积上，用于凹陷板面的初始校正，或加工内部板和加强部位的板件。这些操作适合修复需要较大的力量而不要求光洁的表面。

③ 精修锤。在用冲击锤去除凹陷之后，再用精修锤（见图1-22）修复，以得到最后的外形。精修锤的锤面较冲击锤的锤面小，表面是拱形的，以使力量集中在高点或波峰的顶端。收缩锤是有锯齿面或交错缝槽面的精修锤，这种锤用来收缩那些被过度锤打而延

伸的部位。

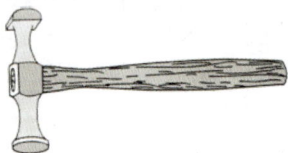

图 1-21　冲击锤

图 1-22　不同类型的精修锤

2．顶铁

顶铁（也称为垫铁，见图 1-23）通常顶在金属板的背面，与钣金锤一起作业使拱起的部位下降，或使凹陷部位上升。由于板件的结构和形状不同，所以需要采用多种形状的顶铁，比较常用的有以下几种。

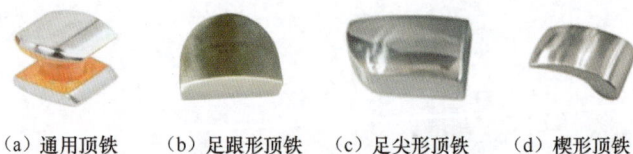

（a）通用顶铁　　（b）足跟形顶铁　　（c）足尖形顶铁　　（d）楔形顶铁

图 1-23　不同类型的顶铁

（1）通用顶铁

通用顶铁（见图 1-23（a））有多种隆起，可以用来粗加工挡泥板的隆起部分和车身的不同曲面，校正挡泥板凸缘、装饰条和轮缘，收缩平的金属面和隆起的金属面，修正焊接区等。

（2）足跟形顶铁

足跟形顶铁（见图 1-23（b））的形状像足跟，用来在板件上形成较大形状的凸起，校正高隆起或低隆起的金属板、长形结构件和平面板件。

（3）足尖形顶铁

足尖形顶铁（见图 1-23（c））是一种专门设计的组合平面顶铁，用来收缩车门板、挡泥板裙板、柱杆顶部和汽车各种盖板，也可以用来在挡泥板的底部形成卷边和凸缘。该顶铁特别适合于粗加工金属板件，因为它的一个面非常平而另外一个面微微隆起。但是，使用该顶铁时，不应过度锤击。

（4）楔形顶铁

楔形顶铁（见图 1-23（d））的重量很大，而且很容易控制在平面金属板上，所以，它主要用于使金属板变薄和使薄的金属板收缩等修复作业中。它可以用来对车门内侧、发动机盖、挡泥板的平面和隆起面以及柱杆顶部进行钣金加工。

修复时，所选用顶铁的直径应比加工件的隆起直径略小，顶铁的重量以轻铁锤的 3 倍为宜，顶铁的工作面应保持光滑、干净，不要存在油污、涂料以及毛刺，否则会降低加工质量。

3. 匙形铁

匙形铁（见图 1-24）是另一类车身维修工具，它既可当作锤子使用，也可当作顶铁使用，有许多种形状和尺寸，可与不同的面板形状匹配。平直表面的匙形铁把敲打力分布在宽的接触面上，在皱折和拱形部位特别有用。当面板背面空间有限时，匙形铁可当作顶铁用。

4. 撬镐

撬镐（见图 1-25）只用于撬起凹点，它们有不同的长度和形状，大多数有 U 形末端把手。撬镐可以用来升起门板或其他密闭车身板件上的凹点。撬镐在使用时，不需要在钣金件上钻孔或焊接，所以不会损伤车身板件的漆面。

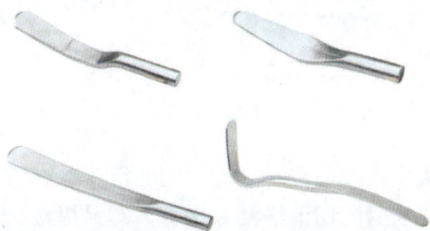

图 1-24 匙形铁

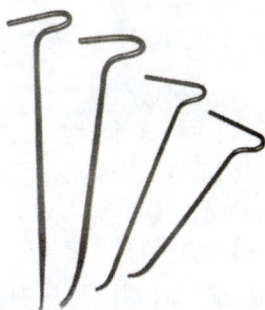

图 1-25 不同类型的撬镐

5. 冲头和錾子

在维修时经常要用到冲头和錾子（见图 1-26）。

中心冲的冲头用于部件拆卸之前对它们的定位打标记，作为钻孔冲击标点（标点可保持钻头不偏移）。铆钉冲的冲头为锥形，顶端是平的，用来顶出较小的铆钉、销钉和螺栓。销钉冲和铆钉冲相似，但是冲头不是锥形的，这样它可以冲击出更小的铆钉或螺栓。长中心冲的冲头是长锥形的，用于焊接车身面板或其他车身部件（如翼子板螺栓孔和保险杠）等的定位。

錾子是有硬化刀口的钢棒，有多种尺寸，用于切断钢材，分

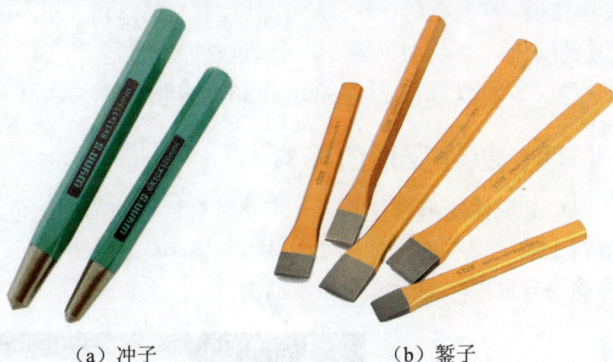

（a）冲子　　　　（b）錾子

图 1-26 冲头和錾子

离咬死的螺母，切断生锈的螺栓和焊接点，以及分离车身和车架部件。

6. 划针

划针（见图 1-27）看起来像一个锥子，但其钢柄较重，用来在金属板上划出要切割、钻孔或紧固的标志，可以用锤轻敲划针，使其穿过较厚的金属板。当不需要特定尺寸的孔时，可以用划针在金属板上戳一个孔。划针需要保持锋利，才能在各项作业中有效而安全地发挥作用。

7. 金属剪切工具

金属剪切工具用来修整面板。常用的几种金属剪切工具如下。

（1）铁皮剪

铁皮剪（见图1-28）是最通用的金属剪切工具，它可剪切出钢板的直线或曲线形状。

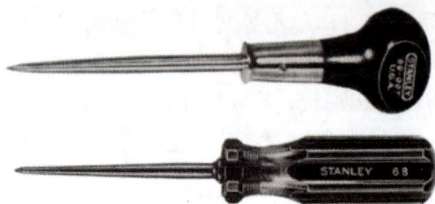

图1-27　划针

图1-28　铁皮剪

（2）金属切割剪

金属切割剪用来切开硬金属，如不锈钢。这种剪的刀爪窄小，可使其在所切金属之间移动，且刀爪是锯齿形的，因此可用来剪切坚韧金属。

（3）面板切割剪

面板切割剪是一种特殊的铁皮剪刀，用来切断车身钣金件。这种切割剪常在板上做直线或曲线的切割，来切除腐蚀或损坏的部位。面板切割剪的切口清洁、平直，容易焊接。

8. 车身锉

车身锉（见图1-29）用于锉平且大的表面。在对损伤部位进行修整后，用车身锉可以锉去高点而显露出需要加以敲击的低点。操作车身锉时要注意，不要施加过大的压力，否则可能会锉穿薄金属板。车身锉的锉片安装在带转动拉紧套筒的挠性把柄上，转动拉紧套筒可以调整锉片的弯曲程度，从而使锉片更好地配合金属板的外形。

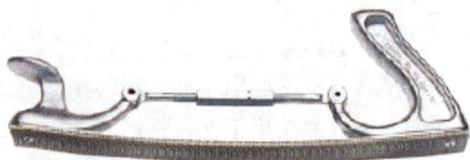

图1-29　车身锉

四、板件变形的修复

车身板件变形修复的第一步就是对板件的损坏部位进行分析。维修技师必须能识别受损金属上的变形状态，如图1-30所示。损坏类型明确后，就要确定损坏方向。修复板件必须施加与导致损坏的力方向相反的力。

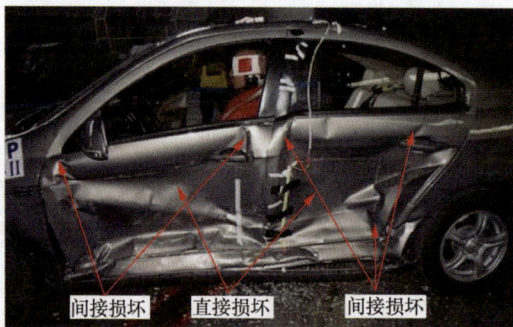

间接损坏　　直接损坏　　间接损坏

图1-30　典型的车身损坏案例

　　制订一个合理的维修方案可以避免大量的维修损坏，使整个维修时间保持最少，以获得更高的效益。维修程序：损伤诊断→大致修复→精修。必须正确地完成大致修复，才可以进行精修。

　　在维修时，基本的原则是"先简后难、先远后近"，原因是损坏部位的外围属于间接变形，相对中心位置的直接变形而言，变形的程度轻些，维修的难度小些。如图 1-31 所示，在损坏部位离直接损坏点最远的位置 1 要最先进行修复，然后修复离直接损坏点次远的位置 2，以此类推，把损坏部位全部修好。

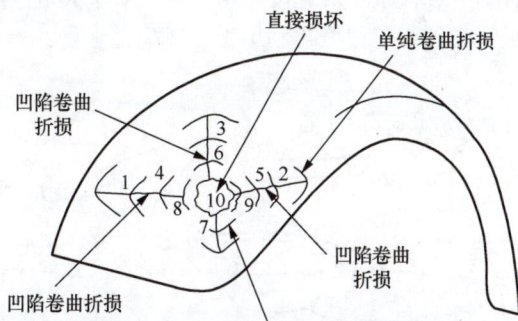

图 1-31　板件损坏部位的修复程序

> **提示**
>
> 　　当损伤严重时，变形不能完全修复，传统的方法可用铁粉填充来修复。为了保证修复质量，现多提倡更换损坏的板件。

1. 敲击修复的基本方法

（1）钣金锤法

　　使用钣金锤，首先要掌握正确的使用方法。用手握住锤柄的端部（相当于手柄全长的1/4位置），敲击时使手腕出力，垂直敲击要击打部分，如图 1-32 所示，使锤子做环形运动，并从金属表面弹回来，如图 1-33 所示。在敲击金属板件前，要注意根据敲击表面的形状选择钣金锤种类。

（a）错误　　　　　（b）正确

图 1-32　垂直敲击要击打部分

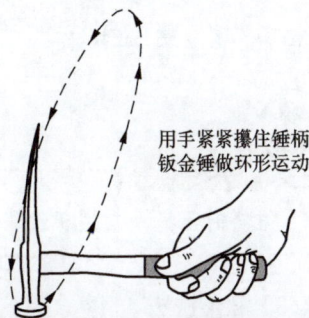

图 1-33　钣金锤的敲击方法

正确使用钣金锤在车身修复中能起到事半功倍的效果。

（2）顶铁法

根据变形的类型和面积大小来选择合适的顶铁，如图1-34所示。顶铁既可支撑又可击打，顶铁支撑凹陷部位时，有利于加快敲平的速度。粗平时，对于大范围的变形，可以先单独用顶铁来敲击变形处，变形恢复到一定程度再利用钣金锤配合修复。

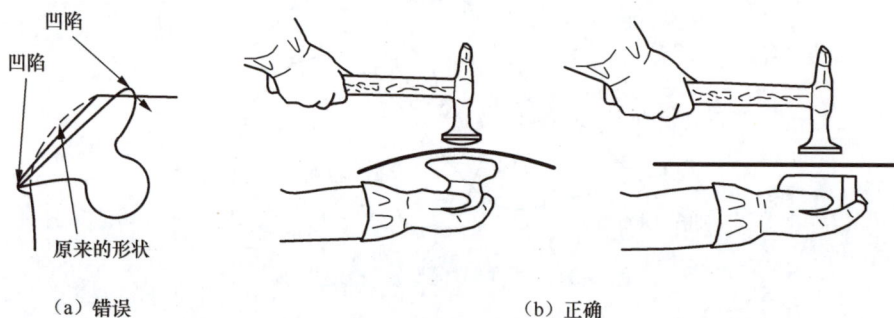

凹陷
凹陷
原来的形状

（a）错误　　　　　　　　　　　　（b）正确

图 1-34　选择合适的顶铁

用顶铁和钣金锤配合敲平车身表面凹凸变形的方法，是钣金维修行业中最流行的一种修平方法。凡是便于放入顶铁的变形部位，都可以用这种方法修复。顶铁法分为正托法（见图1-35）和偏托法（见图1-36）。

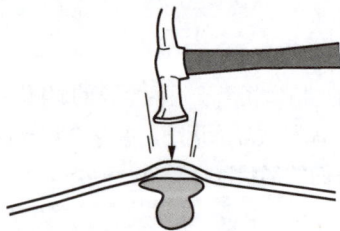

图 1-35　正托法

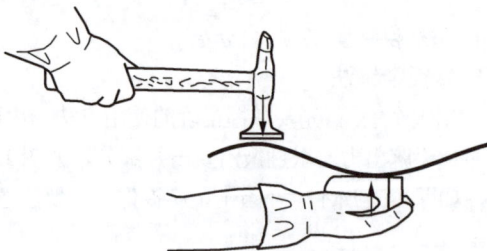

图 1-36　偏托法

维修时正托法常用于精修，敲击要轻，防止造成板件延展。

（3）匙形铁法

当有些板件变形比较窄时，无法用顶铁修复，可以用匙形铁来完成工作，匙形铁的常见使用方法如图 1-37 所示。

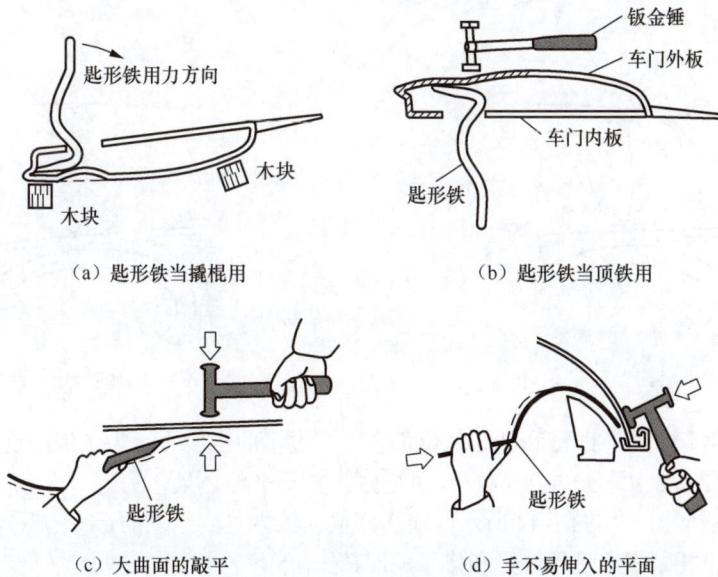

（a）匙形铁当撬棍用 　　　　（b）匙形铁当顶铁用

（c）大曲面的敲平 　　　　（d）手不易伸入的平面

图 1-37 匙形铁的常见使用方法

在板件上有皱折伤痕时，可以将匙形铁置于金属表面，再用钣金锤敲打，如图 1-38 所示，通过这种弹性锤击可以使变形得到校正，并使表面比较平滑。

2．金属板凹陷变形的修复方法

板件上的金属在被推挤的过程中，撞击点两侧逐渐形成凹槽，这个凹槽通常在撞击点附近最深处，并在凹痕的周围形成凸起，如图 1-39 所示。可以利用钣金锤和顶铁，将凸起按其形成的相反顺序修平到原来的形状，修平分为粗平和精平两个阶段。

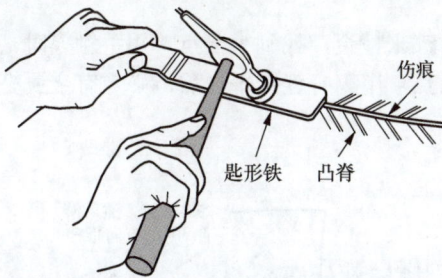

图 1-38 用匙形铁校正皱折

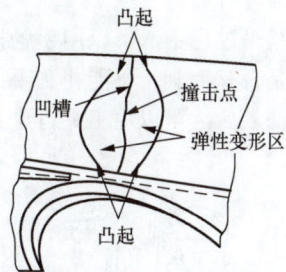

图 1-39 金属板凹陷变形情况

（1）粗平阶段

粗平时，把顶铁紧贴在凹槽外缘的下面，然后用球头锤以轻度到中度的力量在凸起部位外端最靠近顶铁的地方敲击。钣金锤的敲击迫使凸起部位的端部逐渐降低，而压住顶铁的压力使凹槽端部鼓起，如图 1-40 所示。

通过顶铁偏托法慢慢向弯曲变形最大的凹槽中部和凸起中部进行敲击，如图 1-41 所示。

由于凹槽和凸起处压力在逐渐消除，凹槽和凸起周围弹性变形的部位也趋于恢复到原来的位置。顶铁也可作为敲击工具来使凹槽恢复原状。

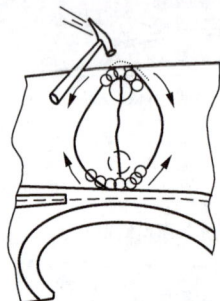

图 1-40　敲击凸起部位外端

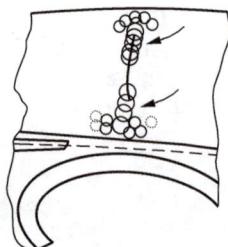

图 1-41　向中部进行敲击

当凹槽被敲起来时，凹槽和凸起部位仍会存在过多的压应力。为了消除这些应力，敲打工作必须做得更多、更轻、更密，一方面是微修复不平整之处，另一方面是释放这些应力，如图 1-42 所示。损伤部位大致恢复到原来的形状后，应采用正托敲击法进行修光和修平，即精平。

（2）精平阶段

精平是指对经过粗平的板件金属表面凸点或凹陷进一步整平，力求做到平整与光滑，这样才有利于做最终修整和填料处理。

精平法的操作中使用顶铁时一般采用正托法，如图 1-43 所示，使用的工具有镐锤等轻型锤。其中钣金锤、顶铁和匙形铁的工作面形状必须与车身板件的几何形状相吻合。操作前首先应仔细观察与分析，

图 1-42　消除应力

确定小凸点或小凹点的位置，考虑锤击次序和敲击力度；操作过程中要注意手与眼睛的精准配合，并确保锤顶端面的中央准确落到敲击点上。顶铁与钣金锤要同步，锤击次数要尽量少并保证力度合适。

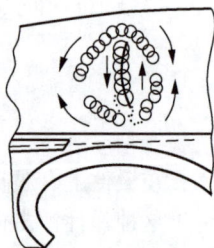

在精平过程中，可以用手触摸或者用车身锉来检查，找到小凸点。用手触摸时，要注意板件上是否有毛刺，不能扎到手；如果是小凸点，用车身锉锉平之后，必定有金属亮点。检查有小凸点后，可以用工具再进行精平。

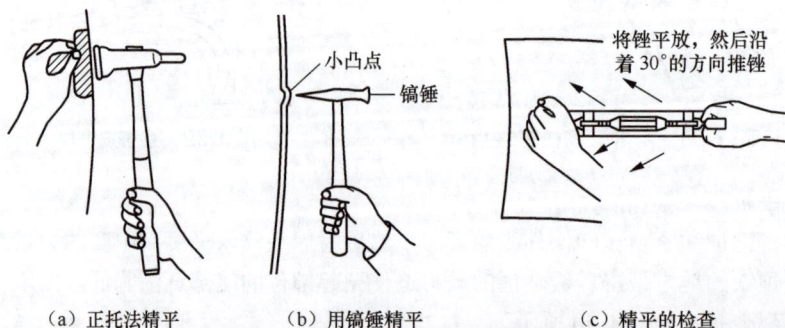

（a）正托法精平　　　　　　　（b）用镐锤精平　　　　　　　（c）精平的检查

图 1-43　板件的精平与检查方法

（1）修复不同的材料使用的锤子也不同，比如修复铝合金时，使用铝锤、铜锤。

（2）在进行精修复时，经常会用手触摸板件来确定板件的平整度，在触摸时注意要佩戴好棉线手套，手套在保护手的同时，还会将板件缺陷的触感放大，使我们更容易找到变形部位。

□ 任务总结 □

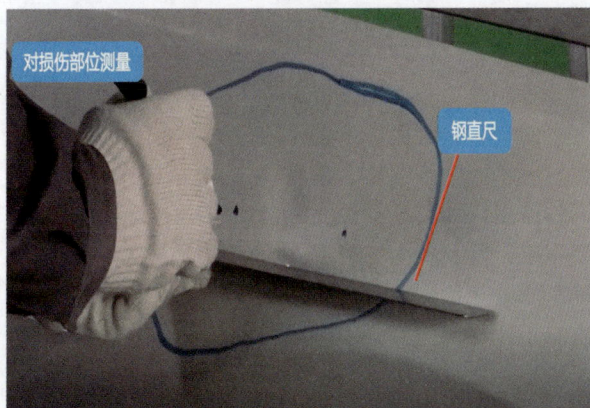

手工修复工艺

1. 变形类型

弹性变形能够自行恢复，而塑性变形不能够自行恢复，板件发生变形时，二者是同时出现的。

2. 加工硬化

金属材料在再结晶温度以下塑性变形时，强度和硬度升高，而塑性和韧性降低，在维修过程中应该正确认识加工硬化的作用，采取正确的校正方法把损伤件修复好。

3. 损坏类型

了解每种损坏的特点。金属板上的损坏包括直接损坏和间接损坏。间接损坏又分折损和挤压变形。折损分为单纯铰折、凹陷铰折、凹陷卷曲、单纯卷曲；挤压变形包括单曲拱形变形、复合拱形变形和双曲拱形变形。

4. 手工工具

手工工具包括钣金锤、顶铁、匙形铁、撬镐、冲头和錾子、划针、金属剪切工具和车身锉等。准确认知它们的特性和差异点，了解正确的使用方法，重点了解钣金锤、顶铁的特性和使用方法。

5. 维修原则

基本的原则是最后的损伤要最先修复，最先的损伤要最后修复，修复板件必须施加与导致损坏的力方向相反的力。

6. 粗平阶段

多采用偏托敲击法进行修平，使损伤部位大致恢复到原来的形状。

7. 精平阶段

精平阶段多采用正托敲击法进行修光，力求做到平整与光滑。

8. 综述

车身修复手工工艺作为一种传统的修复手段，近年来，很多环节都被现代设备和工具（如钣金修复机、微钣金组合工具等）所替代，对于损伤严重的车身部件，也常采用更换的方式来处理。但在钣金修复的精平阶段以及特殊部位的修复，手工工艺仍是不可替代的。要想成为优秀的钣金维修技师，学习、实践和掌握相应的钳工知识与手工修复工艺是十分必要的。

□ 问题思考 □

（1）金属发生变形的类型有哪些？各有什么特点？

（2）加工硬化是如何产生的？如何避免加工硬化的产生？如何消除加工硬化？

（3）车身板件的损坏类型有哪些？各有什么特点？

（4）简述钣金锤的结构和作用，以及不同种类钣金锤的应用场合和使用方法。

（5）简述顶铁的结构和作用，以及不同种类顶铁的应用场合和使用方法。

（6）车身板件维修的基本原则是什么？

（7）何为钣金锤和顶铁的正托与偏托？分别适用哪种修复操作？

学习任务二 钣金修复机修复工艺

□ 学习目标 □

（1）能够正确描述钣金修复机的用途。

（2）能够使用钣金修复机修复变形的车身板件。

（3）能够根据板件损坏的类型选择合理的维修方式。

（4）了解车身钣金修复机修复的基本工艺。

（5）培养精工制造品质和匠心铸魂精神，具有良好的职业道德素质。

□ 相关知识 □

现代车身的结构日趋复杂，许多车身板件都难以触及它们的内部，或是因为损伤比较轻微且只局限于金属外板，内板没有损坏，如果拆卸内板或拆卸相关构件，采用敲平法修复，对于车身维修来讲工作量无形之中加大了很多，生产效率也大大降低。因此，车身维修中使用另一种方法专门处理这种情况，即将凹陷的金属用拉拔的方法修复，同时利用钣金锤对高点进行敲击，这就是钣金修复机修复工艺。

一、工具及设备

1. 钣金修复机

钣金修复机也称车身外形修复机（也称介子机，见图 1-44），具有电流调整功能，它可以很轻松地把板件上的凹陷拉出来。钣金修复机可以对焊接垫圈、焊钉、螺柱、星形焊片等进行拉伸操作，还可以使用铜触头和碳棒进行收缩操作。

钣金修复机的工作原理如图 1-45 所示。它利用将低电压、高强度的电流加在两块钢板时产生的高电阻热熔化接触部分的金属，用焊枪电极的挤压力把它们熔合在一起，从而达到焊接的目的。在使用钣金修复机修复板面时，应根据不同板面的厚度，不同凹陷的形状、位置来选择适当的焊接电流、时间、工作挡位，并选择相应的配件。

使用钣金修复机来修复板面可以直接在损伤的位置打磨整形，不需要拆除车内部的装饰板件，这样便可以提升维修工作效率，减轻维修技师的工作强度。使用钣金修复机来修复板面的缺点是被整平的表面容易出现不同程度的凸点。一些特殊的位置和钣金修复机不易操作的位置无法维修，这些情况仍需要手工修复，所以钣金修复机并不是万能的。

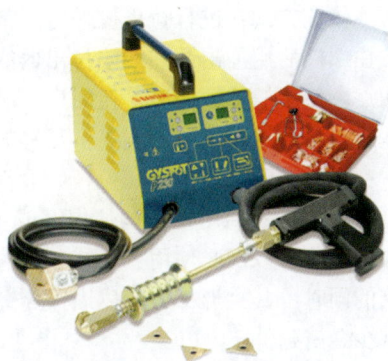

图 1-44　钣金修复机

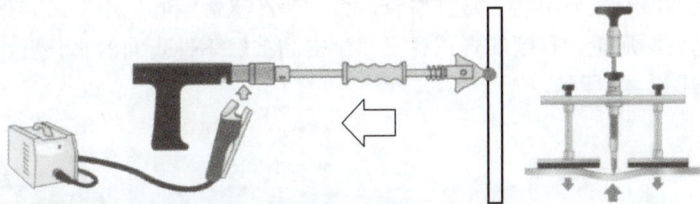

图 1-45　钣金修复机的工作原理

提示

某些车辆在使用钣金修复机维修时，应先切断蓄电池负极，需要根据厂商的要求进行具体的操作。

2. 凹陷拉出器和拉杆

维修板件时，如凹陷损伤在密封结构段，从内部使用最长的匙形铁也接触不到，此时可用凹陷拉出器（见图 1-46）或拉杆。

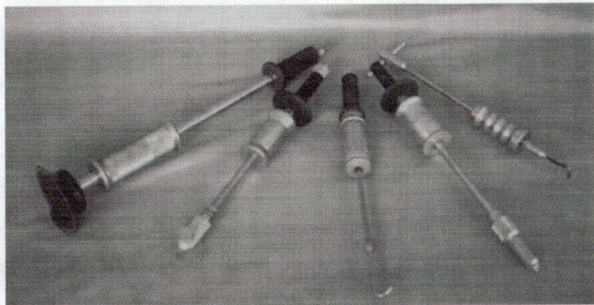

图 1-46　凹陷拉出器

传统方式在进行拉出操作时，都要在皱折部位钻或冲几个孔，安装好螺柱，凹陷拉出器钩住螺柱后用冲击锤在凹陷拉出器的金属杆上滑动并冲击把手。冲击锤轻打把手，慢慢拉起凹点。使用螺柱拉伸时，在面板上产生的孔要用气焊或锡焊封起来，用车身填料简单修补这些孔。因为这种方法不能提供足够的锈蚀防护，所以已经不再使用。

现在的凹陷拉出器和拉杆一般都配合钣金修复机来使用。在车身的凹陷部位焊接一个焊钉或垫圈，然后用拉杆钩住焊钉或垫圈，拉出凹陷。小的凹坑或皱折可以用一根拉杆拉平，大的凹坑可以同时使用 3 个或 4 个拉杆拉平。车身锤与拉杆同时使用，当凹坑的低点被拉上来的同时，其拱形部分可以用钣金锤敲打下去，同时敲打和拉引，使面板恢复到原形，可以减少金属延伸。

3. 磨光机

磨光机（见图 1-47）是用来进行金属表面打磨处理的工具，分手动、电动、气动 3 种。如在使用钣金修复机时，需要在凹陷处焊上焊片，当修复结束后，折下焊片的位置就会产生毛刺，这种毛刺需要使用磨光机进行打磨修平。使用时要轻拿轻放，不可以生拉硬拽，不可以重抛，注意定期保养及使用前的常规检查，否则会严重影响其使用寿命。正确地使用各种器械才可以提高表面质量，打磨的真正意义在于提高被磨工件表面的平整度，正确的手持姿势与打磨路线如图 1-48 所示。

图 1-47　磨光机

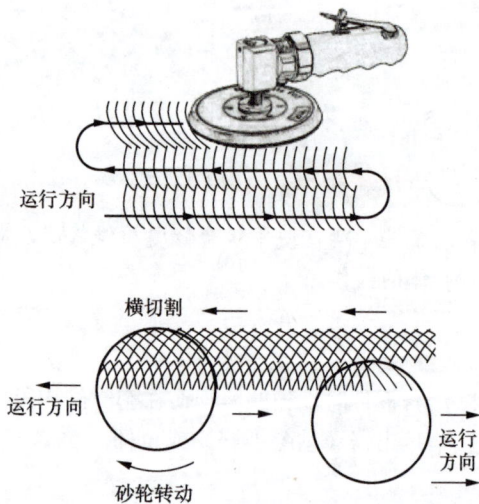

图 1-48　正确的手持姿势与打磨路线

二、钣金修复机和钣金修复工艺

1. 拉拔法

拉拔法修复钢板的原理是将凹陷的金属用拉拔的方法修复，在拉拔的同时，用钣金锤对高点进行敲击，以清除由于拉拔变形而产生的应力，如图 1-49 所示。这种方法有些类似于钣金锤和顶铁的偏托法敲击。

为了保证钢板的修复质量，在涂装工艺过程中，其原子灰（也称腻子）的厚度应不超过 2mm，这就要求对外部钢板修复时，应最大程度地使其接近原始形状和状态。同时还需保证钢板具有一定的强度，并且没有高点（即压缩区）。以普通轿车的车门为例，拉拔法的一般操作流程如下所述。

（1）确定损伤范围

在进行钣金作业前，判断出车门面板的损伤范围，并用彩色水笔画出损伤与未损伤的分界线，如图 1-50 所示。

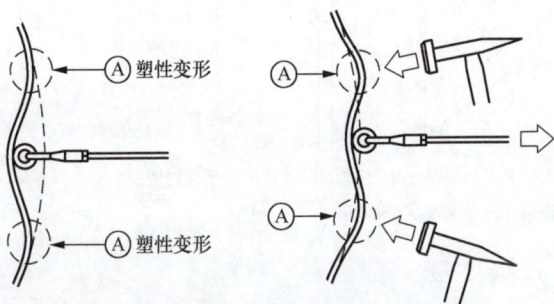

图 1-49　拉拔法修复钢板的原理

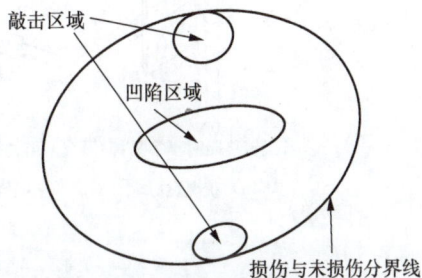

图 1-50　确定损伤范围

（2）清除旧漆层

在打磨的时候尽量使用气动打磨工具，因为气动打磨工具在遇到一定的阻力时会自动停止转动，是比较安全的。为提高工作效率，打磨时磨具要与板面保持一定的角度以降低摩擦力，如图 1-51 所示。把钢板表面的旧漆层打磨掉，直至露出裸铁，但不可磨薄或破坏钢板。打磨形状为方形或圆形，研磨应超出损伤范围之外不少于 10mm，板面打磨范围如图 1-52 所示。

（3）试焊与连接搭铁

在选择磨具的功率挡位时应该先从最小的功率挡位开始试焊，防止产生过多的热量破坏

图 1-51　清除旧漆层

钢板表面的防腐锌层，使用与钢板厚度相当的材料进行试焊，如图 1-53 所示。将搭铁按压至钢板后，焊接垫圈，保证垫圈强度足以承受搭铁重量，如图 1-54 所示。

（4）焊入介子

在钢板的板面焊入拉拔介子（供位拽用的介质）的时候，垫圈焊至塑性变形最深处，适当用力按压垫圈并焊接。直线焊接垫圈可使拉拔杆穿过垫圈与表面垂直，间隔为 8～10mm，如图 1-55 所示。

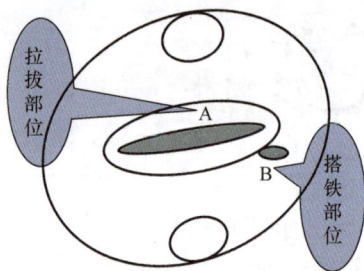

图 1-52　板面的打磨范围

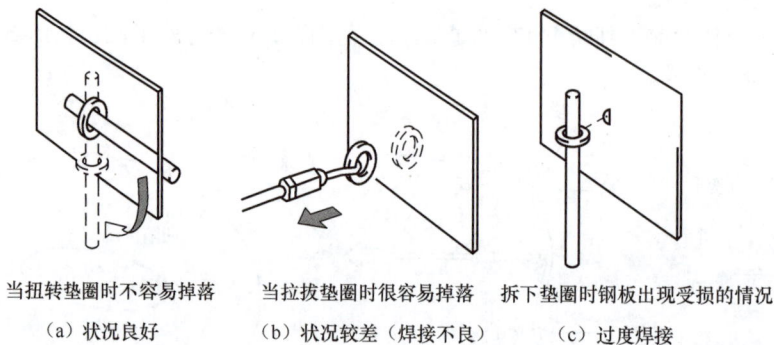

当扭转垫圈时不容易掉落　　当拉拔垫圈时很容易掉落　　拆下垫圈时钢板出现受损的情况

（a）状况良好　　（b）状况较差（焊接不良）　　（c）过度焊接

图 1-53　试焊

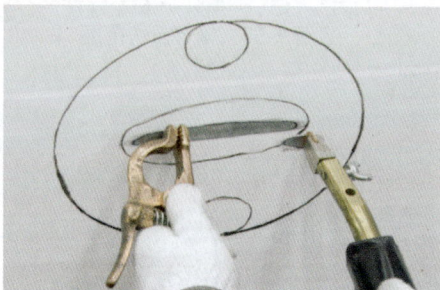

图 1-54　连接搭铁

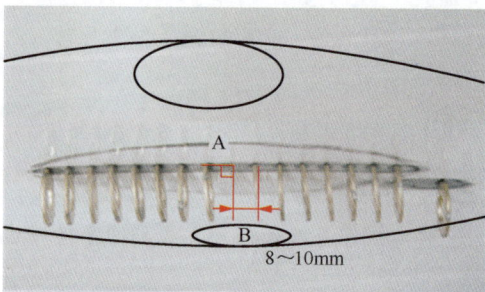

图 1-55　焊入拉拔介子

（5）拉拔

使用拉拔工具拉出，凸出的地方可以用小锤敲平。具体的操作如图 1-56 所示。修复过程中，需要反复操作，用手掌轻轻平摸，找出凹面拉拔，找出凸面敲平，直到拉拔时表面高于原始平面 2～3mm 效果最佳。拉拔和敲平要有耐心，力度要轻。

提示

大面积拉拔时表面要高于原始表面一定距离，当去除拉拔力时，板件自然回位到正常位置；但修复不同结构、不同材质的板件时，拉拔高度不同，需根据经验来判断，大家要多练习、找感觉。

（6）拆下垫圈

使用鲤鱼钳夹住并扭转垫圈将其拆下，如图 1-57 所示，检查焊点以确保没有变形或穿孔。如有变形或穿孔，及时修复后方可进入下一流程。

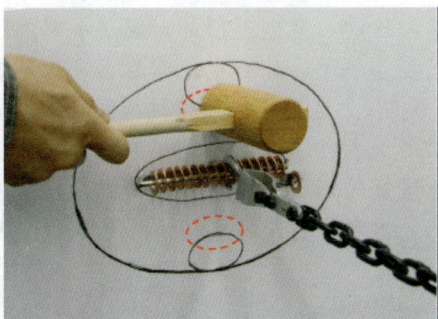

图 1-56　拉拔整形方法

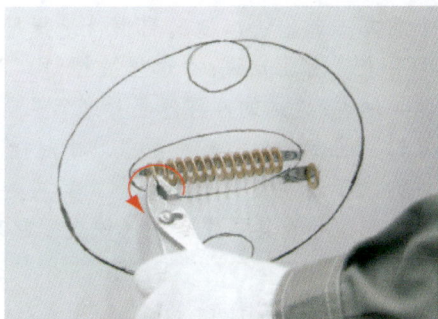

图 1-57　拆下垫圈

（7）清除焊接痕迹

使用单作用研磨机配合 60# ～ 80# 砂纸。调节单作用研磨机的角度，使用砂纸外侧以内 10mm 的区域研磨，最后手持折叠砂纸清除焊接痕迹，直至完全清除，如图 1-58 所示。

（8）完工检查与防锈

在钣金作业完工后，用锉刀进行检查并修整。由于在实施作业时会产生热量，热量容易导致钢板背面的漆层生锈，所以必须在钢板背面喷涂防锈剂。

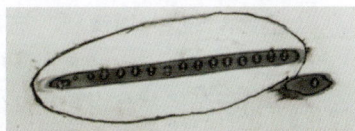

（a）打磨前

（b）打磨后

图 1-58　清除焊接痕迹

2．缩火法

金属上某一处受到拉伸以后，金属的晶粒将互相远离，金属板变薄并发生加工硬化。可以采用热收缩的方法（即缩火法）将金属分子拉回到其原来的位置上，使金属恢复到应有的形状和厚度。热收缩的目的是移动受拉伸的金属，但不影响周围未受损伤的弹性金属。在进行任何收缩以前，必须尽量将损坏部位校正到原来的形状。热收缩利用金属热胀冷缩的性质来达到收缩目的，如图 1-59 所示。

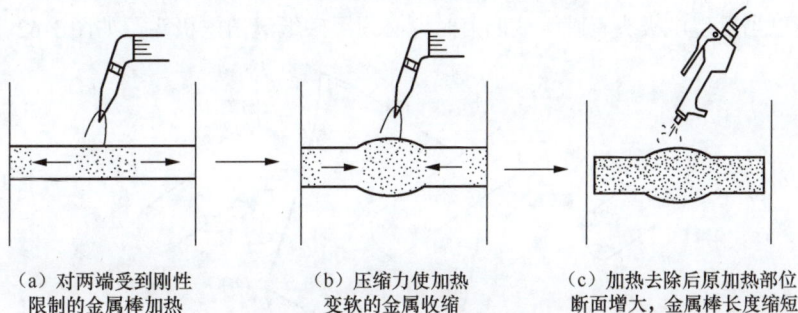

（a）对两端受到刚性
限制的金属棒加热

（b）压缩力使加热
变软的金属收缩

（c）加热去除后原加热部位
断面增大，金属棒长度缩短

图 1-59　热收缩原理

案例分享

　　小张的朋友小赵是一个钣金技师，他有个习惯，看见朋友的车就喜欢摸摸。某天，几个朋友一起出去，他又习惯性地摸朋友的车。这次，摸到车门的时候，小赵的手停了下来，对朋友说："这里被撞过！"，小张看了半天，什么也没有看出来。朋友很诧异地说："是的，你怎么知道？"，小赵接着说："这里不但被撞过，而且还没有修好！"朋友一听，有点紧张。小赵接着说："这儿摸上去有点软，维修人员一定会告诉你，车门铁皮就是比较薄。其实是因为他修复时出现的铁皮延展情况，没有做缩火处理而导致其强度降低（铁皮摸起来较软），出现了崩弹现象（弹性变形）"。

（1）确定损伤范围

在进行钣金作业前，判断出车门面板的损伤范围，并用彩色水笔画出损伤与未损伤的分界线。

（2）清除旧漆层

从延展区域磨除旧漆层。推荐使用单作用打磨机配合 60# 砂纸，如图 1-60 所示。

（3）找寻缩火点

通常钢板延展都会引起局部的凸起，而凸起的面积等于钢板延展的面积。延展区域的凸点即是缩火点。图 1-61 所示为两种判断钢板延展区域的方法。

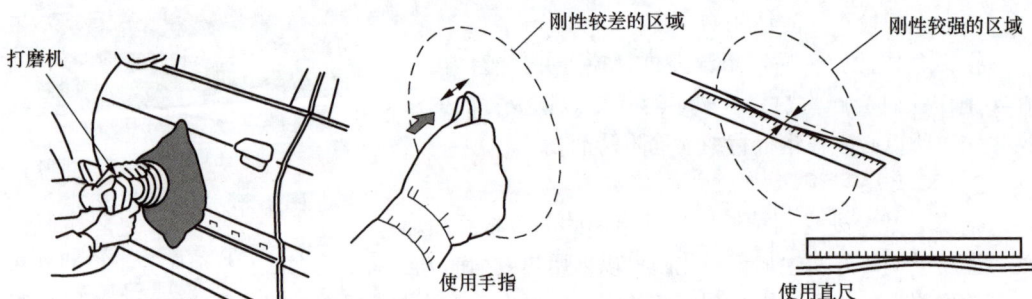

图 1-60　磨除损伤区域的旧漆层　　　　图 1-61　判断钢板延展区域的方法

（4）缩火

① 检查电极头。如果电极头脏污或受损，将不能完全使钢板加热，也不能平顺地移动电极头，所以当发现电极头有脏污或凹痕时，必须用砂纸清洁电极头，如图 1-62 所示。

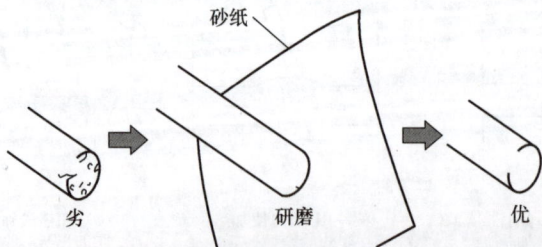

图 1-62　检查电极头

② 点缩火。首先使用铜电极对准最高点并轻轻压下，使钢板轻微变形，如图 1-63（a）所示；接着按下开关，这时钢板将会产生一定的反作用力，此时需将电极头以一定的压力靠住钢板面 1～2s，如图 1-63（b）所示；然后，使用空气枪迅速冷却缩火区域，冷却的时间保持 5～6s，如图 1-63（c）所示。

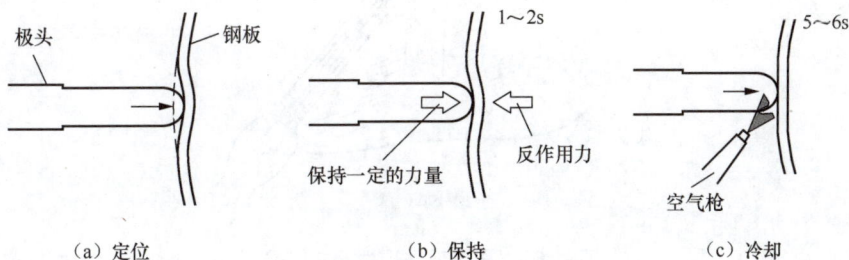

（a）定位　　　　　　　　（b）保持　　　　　　　　（c）冷却

图 1-63　点缩火

③ 连续缩火。延展区域较大时，应使用连续缩火的方法维修。将碳棒极头倾斜并轻轻地接触钢板面，按下开关，极头将逐渐红热，如图 1-64（a）所示。以直径 20mm 的间隙将极头由外侧向内侧以螺旋方向运行，并且逐渐增加运行速度，如图 1-64（b）所示；松开开关，将极头从钢板面移开，使用空气枪迅速冷却缩火区域，如图 1-64（c）所示。

提示

在板件修复时，缩火处理一定要在最后（即精修后）进行，即在精修后仍存在高点或刚性较差时，再对板件进行缩火修复。

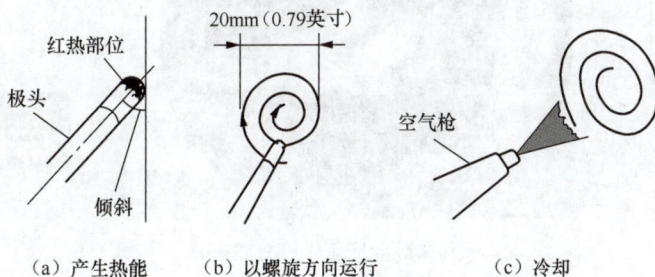

（a）产生热能　　　　　（b）以螺旋方向运行　　　　（c）冷却

图 1-64　连续缩火

（5）检查钢板刚性

钢板冷却完毕后，检查钢板刚性，若钢板仍缺乏刚性，则寻找另一凸起的点，并且重复实施缩火作业。

（6）清除缩火痕迹

使用单作用打磨机和 80# 砂纸，研磨钢板表面去除易使钢板生锈的缩火痕迹。

（7）完工检查与防锈

在钣金作业完工后，用锉刀进行检查并修整，如图 1-65 所示。由于在实施作业时会产生热量，热量容易导致钢板背面的漆层生锈，所以必须在钢板背面喷涂防锈剂。

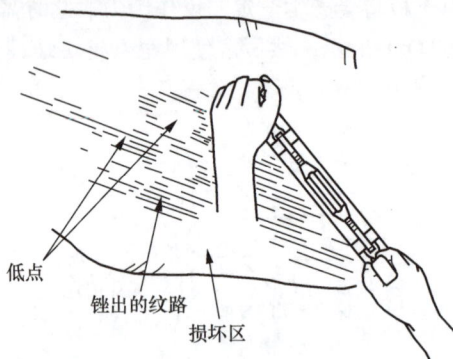

低点
锉出的纹路
损坏区

图 1-65　用锉刀进行检查并修整

□ 知识拓展 □

（1）当受损部位出现大面积崩弹或者大面积高于原板件时，选用碳棒缩火，除画螺旋纹缩火外，还可画网格缩火，具体情况具体应用。

（2）缩火作业因加热面积较大，对板件损坏较大，所以在车身修复时尽量避免板件缩火作业。

□ 任务总结 □

微课

汽车钣金修复机
修复工艺

汽车钣金修复机修复工艺

1．钣金修复机

钣金修复机可以对焊接垫圈、焊钉、螺柱、星形焊片等进行拉伸操作，还可以使用铜触头和碳棒进行收缩操作，配合拉拔工具和打磨工具完成板件的修复。

2．拉拔法

拉拔法原理是将凹陷的金属用拉拔的方法抬高，同时用钣金锤对高点进行敲击，以清除由于拉拔变形而产生的应力，主要用于修复"凹陷"。拉拔的工艺流程包括确定损伤范围，清除旧漆层，试焊与连接搭铁，焊入介子，拉拔，拆下垫圈，清除焊接痕迹，完工检查与防锈等。

3．缩火法

热收缩利用金属热胀冷缩这一性质来达到收缩目的，主要用于修复"凸起"。缩火的工艺流程包括确定损伤范围、清除旧漆层、找寻缩火点、缩火（点缩火和连续缩火）、检查钢板刚性、清除缩火痕迹、完工检查与防锈等。

4. 综述

车身钣金修复机修复工艺作为一种非常高效的修复手段，无论车身结构如何，都可以在凹陷部位焊接不同的介子，通过拉拽的方法使之修复。钣金修复机集多种焊接、加热等功能于一体，给车身钣金修复带来了方便。但钣金修复机并不是万能的，对于一些特殊的结构和钣金修复机不易操作的位置无法维修，这些情况仍需要手工修复。

□ **问题思考** □

（1）钣金修复机的工作原理是什么？
（2）如何正确使用凹陷拉拔工具和磨光机？
（3）拉拔法的应用场合、工艺流程及施工要点是什么？
（4）缩火法的应用场合、工艺流程及施工要点是什么？
（5）点缩火与连续缩火的区别有哪些？
（6）如何用锉刀进行检查和修整？

学习任务三 微钣金组合工具修复工艺

□ **学习目标** □

（1）能够正确描述微钣金组合工具的用途。
（2）能够使用强力拉拔组合工具修复钢板的变形损伤。
（3）能够使用棱线拉拔组合工具修复钢板的变形损伤。
（4）能够使用省力拉拔组合工具修复钢板的变形损伤。
（5）培养独立自主意识，具备专业报国的责任感和使命感。

□ **相关知识** □

车身外板覆盖件损伤修复是车身修复最常见的工作，占维修比例的70%。一般在进行维修时普遍采用钣金锤、顶铁或者使用钣金修复机两种方式，但这两种方式对车身外板损伤修复的质量不高，且效率比较低。对于覆盖件损伤，大约有70%应当日维修完毕，但在实际维修中，一般都要2～3天才能够完成，维修的质量也不高，板件维修后平整度不够，经常要涂刮较厚的原子灰来进行修补，且修补后容易造成原子灰开裂或剥落的质量问题。车身外板修复的高效率和高质量的实现，需要使用车身快速维修组合工具，这套工具与传统维修方法相比有巨大的优势。

提示

微钣金组合工具近年来在业内逐渐成为汽车轻微损伤的主要修复设备。从市场角度看，客户对微小损伤的修复时间、修复质量要求很高，但对价格敏感度相对不高。读者一定要高度重视本学习任务的内容。

一、车身快速维修组合工具的优势

1. 提高盈利能力

采用车身快速维修组合工具（简称组合工具）可对各种覆盖件损伤进行维修，维修速度提升 3 ～ 4 倍，每个工位在单位时间内的维修作业量大幅提高，轻松实现钣金流水线的高效运营，从而大幅提升盈利能力。

2. 提高维修效率

车身快速维修组合工具可改变钣金修复机单点修复效率低、操作时间长的缺点，还可同时修复大面积损伤，提高维修效率数倍。小损伤使用传统钣金修复机修复需要 2h 以上，使用组合工具约在 30min 内完成；车身侧板大面积损伤使用传统钣金修复机修复需要 1 ～ 2 天时间，使用组合工具可在约 4h 内完成。

3. 提高维修水平

使用组合工具对各个部位的损伤均可快速高效维修，使板件一次恢复到位，减少多次变形，在提高维修速度的同时保证维修质量，基本消除维修后出现的原子灰开裂、油漆剥落的缺陷。对门槛板等强度较大部位进行维修时不需加热即可轻松修复，不破坏板件原有强度。

4. 降低成本

使用组合工具可减少 80% 的打磨面积和 60% 的打磨次数，也就意味着工时、气、电、砂纸、介子、原子灰等的消耗大幅降低。使用组合工具后，钣金工作变得简单、高效，原先多人的工作，现在一个人即可完成，大幅度降低人力成本。

5. 改善工作环境，降低技师工作强度

组合工具的强力拉拔工具可轻松对各种深度的损伤进行快速、省力的维修，技师工作时间、劳动强度大幅降低，还可减少焊接烟尘及打磨粉尘的污染。

二、车身快速维修组合工具

车身快速维修组合工具由高性能的钣金修复机和专业组合工具组成（见图 1-66），可完成熔植垫片、缩火、强力拉拔、棱线拉拔、快速拉拔、省力拉拔等针对车身外板的维修工作。车身快速维修组合工具操作简单方便，对钣金维修人员经验要求不高，经较短时间的专业培训后就可掌握，可大大降低汽车钣金维修的生产成本，提高汽车外板维修效率和维修质量。

1. 高性能钣金修复机

高性能钣金修复机（见图 1-67）配备多种工具组合，可以焊接各种垫圈、OT 式拉圈（匙形介子）、三角片、螺柱、蛇形线等，具有缩火功能和单面点焊功能，焊接电流稳定，焊接时无大量火花出现，不会出现焊接不牢固或焊穿出现孔洞等缺陷。

2. 强力拉拔组合工具

强力拉拔组合工具（见图 1-68），针对较硬板件设计，采用简单的顶拉原理，配有多种支脚，可根据不同使用位置进行组合，用于车身各个不同部位的损伤修复（见图 1-69），方便拉拔。同时该组合工具可以任意调节拉拔幅度，具有锁止功能，方便同时进行其他动作，拉拔力量强，可大大降低维修人员的工作强度，提高工作效率，保证维修质量，降低维修成本。

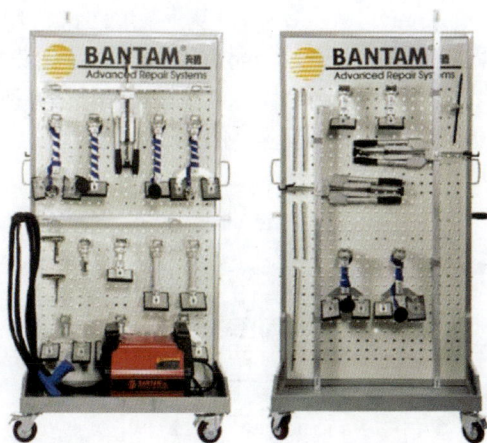

（a）设备正面 （b）设备背面

图 1-66 车身快速维修组合工具

图 1-67 高性能钣金修复机

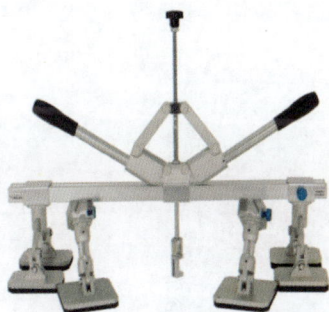

图 1-68 强力拉拔组合工具

图 1-69 强力拉拔组合工具的可维修位置

3. 棱线拉拔组合工具

棱线拉拔组合工具（见图 1-70）采用简单的顶拉原理，配有多个支脚、横梁，可根据不同使用位置进行组合，方便拉拔。棱线拉拔组合工具可以根据需要控制拉拔幅度，方便对车身腰线位置进行快速拉拔并确保拉拔质量，拉拔力量强，能基本满足车身外板覆盖件的快速维修。

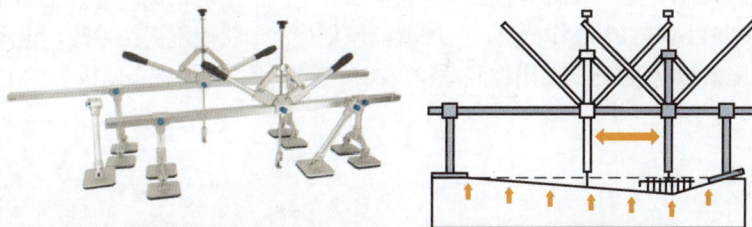

（a）实物图 （b）原理图

图 1-70 棱线拉拔组合工具

4. 省力拉拔组合工具

省力拉拔组合工具（见图1-71）采用简单的杠杆拉拔原理，配有支脚、拉钩及横梁，可根据不同使用位置进行组合，方便拉拔；可以根据需要控制拉拔力量及幅度，对车身顶部等位置进行快速拉拔作业，拉拔力量强，能基本满足车身外板覆盖件的快速拉拔维修。

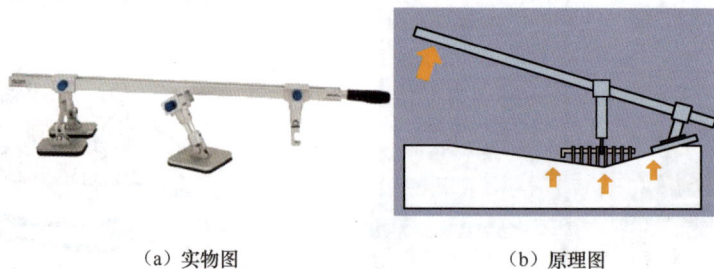

（a）实物图　　　　　　　　　（b）原理图

图1-71　省力拉拔组合工具

5. 简易拉拔组合工具

简易拉拔组合工具（见图1-72）采用力的相互作用原理，配有多种手拉钩，方便提拉车身的垫片等介子，与钣金锤配合可更简单地对车身外板进行拉伸修复。

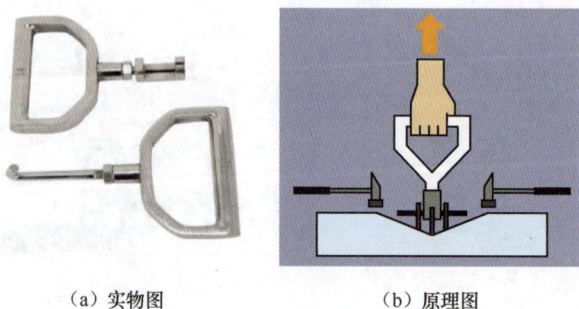

（a）实物图　　　　　　　　　（b）原理图

图1-72　简易拉拔组合工具

6. 辅助工具

辅助工具包括钣金滑动拉锤、拉伸指针、垫片拉杆、拉伸垫片、碳棒和铜棒等，如图1-73所示。

7. 吸盘

吸盘（见图1-74）是一种简单的工具，它可以拉起浅的凹坑，但凹坑位置不能有皱折。作业时用吸盘附着在凹坑的中心并拉起，凹坑就能恢复正常形状而不损伤油漆，也不需再做表面修整。有时凹陷被拉出后，还需要用橡胶锤和顶铁来整平金属板，消除金属板上存在的弹性变形。

提示

快速拉拔工具使用原理与钣金修复机相同，其主要特点是操作简便、省力，尤其是拉拔筋线时，可大大提高维修效率。

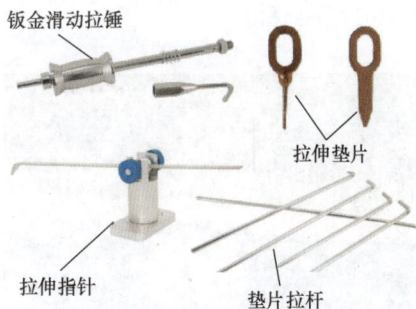

图 1-73 辅助工具

钣金滑动拉锤
拉伸指针
拉伸垫片
垫片拉杆

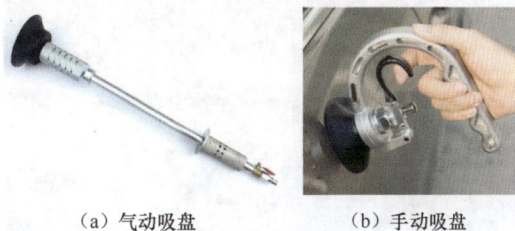

（a）气动吸盘　（b）手动吸盘

图 1-74 吸盘

三、修复工艺

1. 门槛板损伤修复

在实际钣金维修工程中，我们经常碰到像汽车门槛等强度较高的外板的损坏，如图 1-75 所示，使用传统的钣金修复机拉锤修复很困难，而借助大梁校正仪等拉拔，对车身有很严重的损坏。强力拉拔组合工具可以很好地解决这方面的问题。

（1）打磨损坏区域，直至露出裸铁，如图 1-76 所示。

图 1-75 门槛板损伤

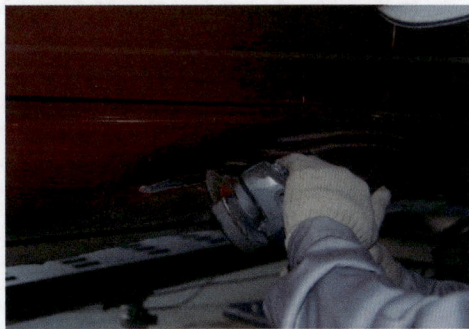

图 1-76 打磨损坏区域

（2）在凹陷区域焊接垫片，焊接方法如图 1-77 所示，也可参考本模块的"学习任务二　钣金修复机修复工艺"中的相关内容。首先在凹陷最深的部位焊接垫片，进行拉伸，如图 1-78 所示。

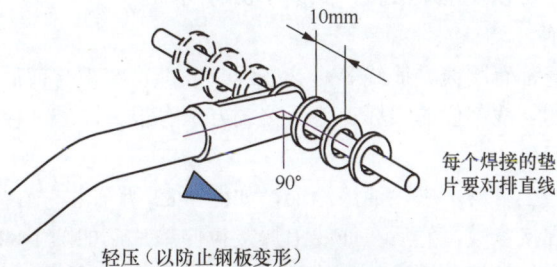

10mm
90°
每个焊接的垫片要对排直线
轻压（以防止钢板变形）

图 1-77 垫片的焊接要求

（3）选择合适长度的拉杆，插入垫片的拉孔中，如图 1-79 所示。

图 1-78　焊接垫片

图 1-79　插入拉杆

（4）把螺杆的拉钩安装在需要拉伸部位的拉杆上，把支腿支撑好，如图 1-80 所示。

（5）分多次把凹陷部位拉出，每次拉伸使受损板件出现一定程度的变形。当把手处于锁紧状态时，使用钣金锤敲打被拉伸板件的周边部位，释放变形部位的应力，如图 1-81 所示。

提示

锁紧时要分多次逐渐锁紧，不要一次性锁紧，防止拉力过大将垫片拉掉。

图 1-80　安装强力拉拔组合工具

图 1-81　拉拔

（6）为方便操作，可以使用小吸盘，如图 1-82 所示。

2．门板筋线拉伸

很多现代汽车车身都有腰线、筋线等，这些线一般都贯穿车身前后，且比较长。要先想办法修平、修直腰线和筋线部位的损坏，使用传统方法有很大困难。棱线拉拔组合工具可以很好地解决这方面的问题。

（1）在门板的筋线上打磨，去除油漆涂层，如图 1-83 所示。

（2）选择合适的焊接参数，然后在筋线上焊接拉伸垫片，如图 1-84 所示。

（3）选择合适长度的拉杆，插进垫片的拉孔中，如图 1-85 所示。

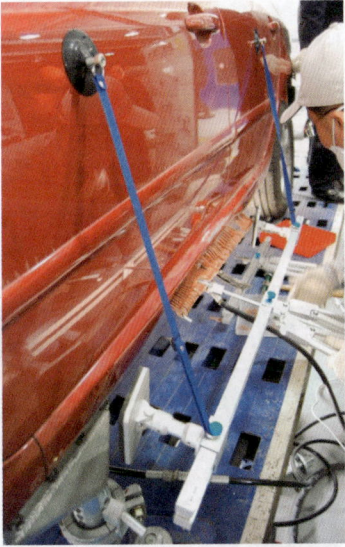

图1-82　使用小吸盘

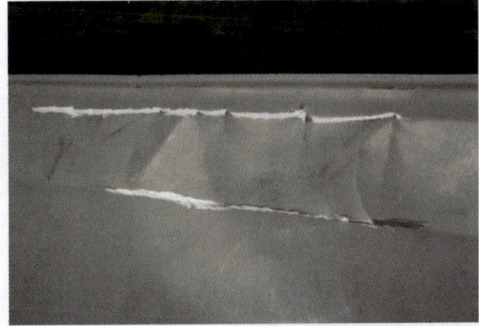

图1-83　去除油漆涂层

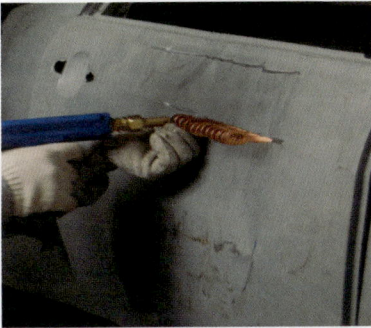

图1-84　焊接拉伸垫片

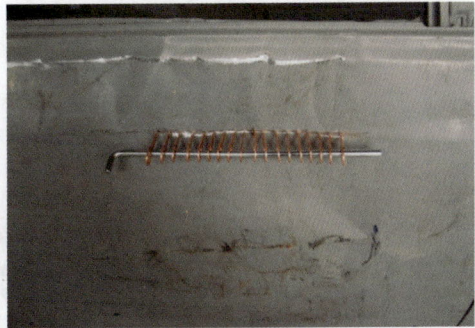

图1-85　插入拉杆

（4）选择合适的组合工具及支腿，安装在车门边框位置，如图1-86所示，然后进行拉伸。

（5）在未损伤部位使用拉伸指针定位，然后把定位好的拉伸指针放置到变形的部位。定位的位置应无损伤，如图1-87所示。观察凹陷部位高度是否已经恢复。

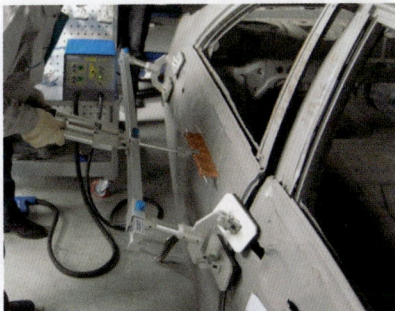

图1-86　支撑并拉伸

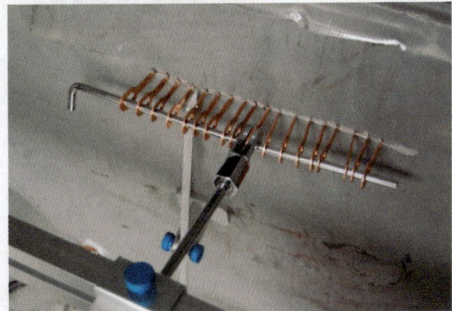

图1-87　定位拉伸指针

（6）用钣金锤放松应力，如图 1-88 所示。

3. 车顶损伤修复

对于一些损伤程度不大的位置，或车顶等操作困难的位置可以使用省力拉拔组合工具修复。

（1）在车顶损伤的最深处打磨，去除油漆涂层，如图 1-89 所示。

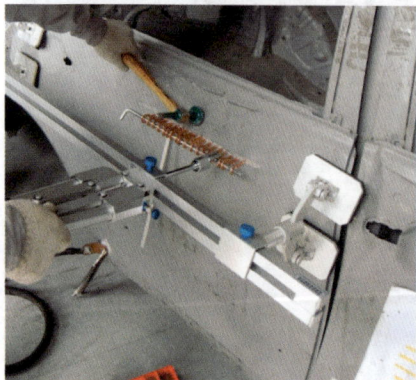

图 1-88　放松应力

图 1-89　去除油漆涂层

（2）选择省力拉拔组合工具，将支腿支撑在坚固的部位，向下撬动，拉伸凹陷部位。同时用钣金锤敲打，放松应力，如图 1-90 所示。

图 1-90　支撑支腿并拉拔

□ **知识拓展** □

（1）使用快速拉拔工具修复车身变形时，注意快速拉拔工具支点的位置要选择正确，一般选在边框或强度高的部位，以防拉拔时对未变形部位造成损坏。

（2）快速拉拔工具使用后要注意维护保养，使用时要规范操作，不可使用蛮力以免造成工具变形损坏。

□ 任务总结 □

微钣金组合工具修复工艺

微课

微钣金组合工具
修复工艺

1. 组合工具

车身快速维修组合工具由高性能的钣金修复机、强力拉拔组合工具、棱线拉拔组合工具和省力拉拔组合工具等组成。

2. 强力拉拔

像汽车门槛这种部件的损坏变形区域强度较高，使用传统的钣金修复机修复很困难，而借助大梁校正仪等拉拔对车身有很严重的损坏，强力拉拔组合工具可以很好地解决这方面的问题。

3. 棱线拉拔

现代汽车车身很多都有腰线、筋线等，这些线一般都贯穿车身前后，比较长，像这些地方的损坏，要先想办法将这些线修平、修直。使用传统方法有很大困难，棱线拉拔组合工具可以很好地解决这方面的问题。

4. 省力拉拔

对于一些损伤程度不大的位置，或者车顶等操作困难的位置可以使用省力拉拔组合工具修复。

5. 综述

车身快速修复组合工具是针对现代汽车钣金维修推出的专业钣金工具，整套设备由高性能钣金修复机和专业组合工具组成，可完成熔植垫片、缩火、强力拉拔、棱线拉拔、省力拉拔等针对车身外板的钣金维修工作，设备操作简单方便，对钣金维修技师的经验要求不高，可大大降低汽车钣金维修的工作强度，提高汽车外板的维修质量。

□ 问题思考 □

（1）微钣金组合工具包括哪些？

（2）如何正确使用强力拉拔组合工具修复高强度外板损伤？

（3）如何正确使用棱线拉拔组合工具修复车身中有很多棱线的板件的损伤？

（4）如何正确使用省力拉拔组合工具修复车顶等操作困难的位置的损伤？

学习任务四 微损伤免漆修复工艺

◻ 学习目标 ◻

（1）了解微损伤免漆修复的工艺流程。
（2）能够利用微钣金工具修复钢板的凹陷变形。
（3）能够利用粘接拉拔工具修复钢板的凹陷变形。
（4）培养诚信、科学、严谨的工作态度和精益求精的精神。

◻ 相关知识 ◻

据统计，在车身损伤中，有超过 75% 的事故属于小剐小蹭，这 75% 中又有约 20% 属于漆面未受到破坏、金属表面无过大伸张的情况。因此，微损伤免漆修复工艺应运而生。微损伤免漆修复工艺是基于光学和力学原理，修复车身上出现的不同大小及深浅程度的凹陷。该技术大大地缩短了修复时间（修复一个凹陷需 20 ～ 40min），也大幅度降低了费用。经该技术修复后的凹陷部位将最大限度地保留原车漆面和形状，使车辆再次展现原有的风采，使汽车的原有价值得到最大的保留。该方法与传统的车身修复工艺相比有很大优势。

一、修复原理

微损伤免漆修复工艺一般常用的方法有微钣金修复法和粘接拉拔法两种方法。

1. 微钣金修复法

微钣金修复法是利用光折射的视觉效果判断凹陷的位置和程度，应用杠杆原理使车身内部纤维逐步将车身凹陷处的张力释放，使凹陷恢复原状，实现对车身凹陷快速、准确、完整的修复，如图 1-91 所示。单层部位的修复只需一个挂链配合大工具就可完成。双层部位的修复可通过原始孔、刮去胶黏剂或打孔进行修复。

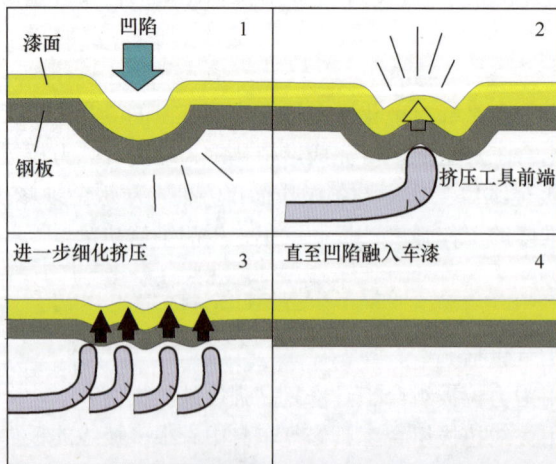

图 1-91 微钣金修复法的原理

2. 粘接拉拔法

如果有些位置无法使用微钣金工具维修，可以采用粘接拉拔法，它是使用粘接的方式将拉拔头固定在车身板件上，再使用拉拔工具拉拔凹陷，使凹陷恢复原状，这样既不伤害漆面又容易拆卸，但该方法连接强度较弱，只能修复小的凹陷，如图 1-92 所示。

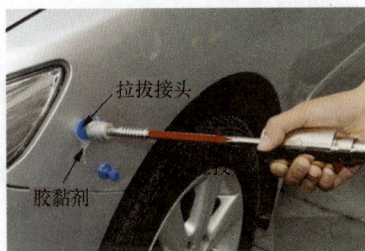

图 1-92　粘接拉拔法

提示

免漆修复对车身板件基本没有破坏，是车身维修首选的方法，但其维修有局限性，比如只能修复较浅的凹痕。

二、修复工艺

1. 微钣金修复法

微钣金修复法是一种传统的方式，主要使用内部顶撬的方法来修复，常用的工具有撬镐、车门扩张器、微钣金锤和照明灯等，如图 1-93 所示。使用这些工具对凹陷进行修复时的操作步骤如下。

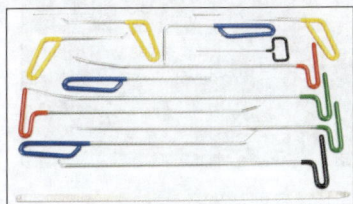
（a）撬镐

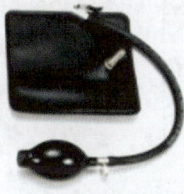
（b）车门扩张器

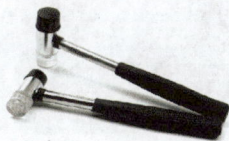
（c）微钣金锤

（d）照明灯

图 1-93　内部顶撬修复工具

（1）车身外部板件在受到比较小的力量冲击时，会产生一些微小的凹痕，影响车辆的美观。首先用笔在微小凹痕部位做出标记，如图 1-94 所示。

（2）把灯光放在需要修复的部位旁边，通过灯光的照射可以仔细地观察凹陷部位在修复过程中的变化，以便及时调整维修操作，如图 1-95 所示。

（3）选好工具后，把微钣金工具（撬镐）伸入板件凹陷背面，在板件后找到凹痕部位进行顶压。在操作时用力要均匀、轻柔，不要一次用力太大，防止产生大的变形，使修复失败，如图 1-96 所示。

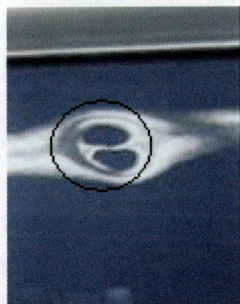

图 1-94　标记微小凹痕

图 1-95　观察凹陷修复情况

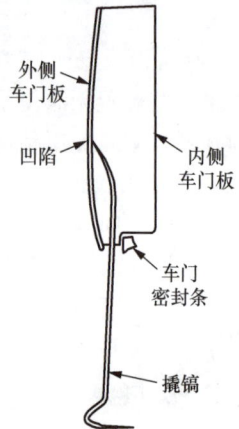

图 1-96　从内部撬动凹陷部位

（4）用微钣金锤轻敲凹陷部位，动作要轻柔，不要损伤漆面。

（5）修复好的凹陷部位的油漆表面可能有细微的磨损，可在修复部位放一些研磨膏，对此部位进行研磨抛光，如图 1-97 所示。

（6）最终通过精细的修复可以得到与原先外观基本没有区别的效果，如图 1-98 所示。

图 1-97　对修复的部位进行抛光处理

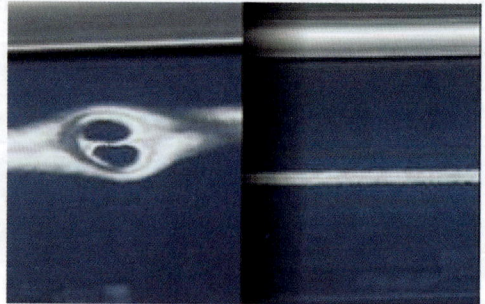

图 1-98　修复前后的效果对比

提示

一般微钣金修复的凹痕较浅，难以观察到，使用微钣金灯光可以更容易观察修复部位，使维修更准确。

2. 粘接拉拔法

粘接拉拔法常用的工具和材料有热熔胶枪、拉拔器、拉拔接头、修复胶棒、除胶液等，如图 1-99 所示。使用这些工具对凹陷进行修复的操作步骤如下。

（1）确定凹陷位置，清洁车身损伤表面和装备工具，保证胶黏剂能够很好地进行黏合，如图 1-100 所示。

图 1-99　粘接拉拔工具

1—拉拔器；2—拉拔接头；3—修复胶棒；4—除胶液；5—记号笔；6—塑料刮刀；7—热熔胶枪

（2）接通胶枪的电源，将胶棒插到枪里等待 4～5min，如图 1-101 所示，胶棒加热变成液体状后才能使用。

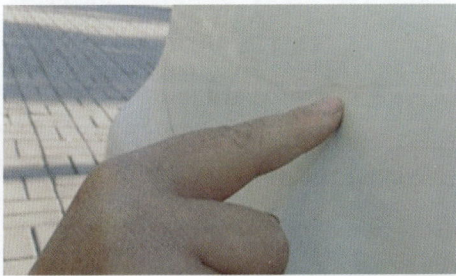

图 1-100　确定凹陷位置

图 1-101　加热胶棒

（3）接头的直径和形状要和损伤的凹陷部位相符。把热熔胶涂到接头粘盘圆弧表面，将接头放到碰撞点，所涂的胶只要能填平凹陷部位即可，不需太多。不能用太大的力量按下接头，否则粘接不牢，如图 1-102 所示。

（4）把粘盘粘到凹陷处，轻压即可，如图 1-103 所示。

图 1-102　挤涂热熔胶

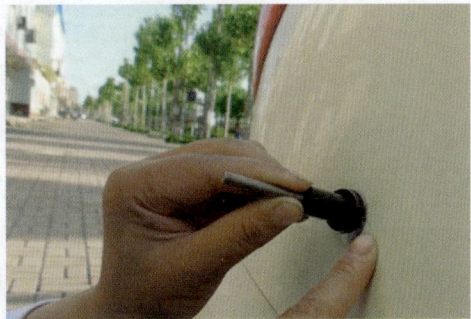

图 1-103　粘贴粘盘

（5）等接头上的热熔胶冷却后就可以对凹陷进行拉拔修复，将拉拔器和拉拔接头连接，拧动拉伸旋钮，如图 1-104 所示，边拉边观察，直到凹陷平整为止。

（6）拆下支架，在接头位置喷涂除胶液，如图 1-105 所示。

图 1-104　拉拔凹陷

图 1-105　喷涂除胶液

（7）用刮板铲下粘盘，如图 1-106 所示。

图 1-106　铲下粘盘

（8）在接头周围再滴几滴除胶液，使用塑料刮刀的边缘清理残余的胶痕，然后对修复表面进行抛光处理。

□ 知识拓展 □

（1）免漆微钣金修复使用工具简单，重点是修复手感的练习，通过远距离操作撬镐来撬动变形部位，并将其修复。

（2）微钣金修复原理与钣金修复机修复原理基本相同，只是微钣金修复得更精细。

▫ 任务总结 ▫

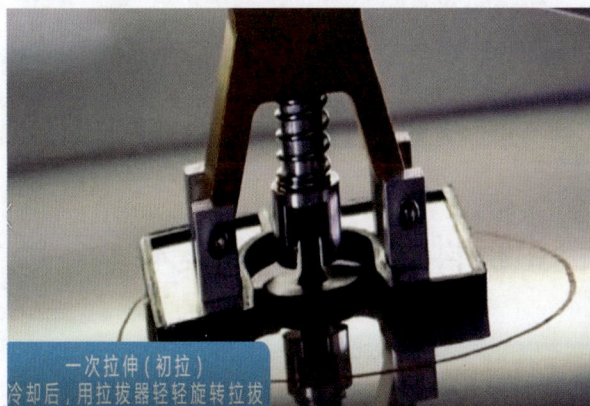

微课

微损伤免漆修复
工艺

微损伤免漆修复工艺

1. 免漆修复

通过微钣金修复（内部顶撬）和粘接拉拔的方法维修，大大缩短了修复时间、降低了费用，并且最大限度地保留了原车漆面和形状。

2. 微钣金修复

把微钣金工具（撬镐）伸入板件凹陷背面，在板件后找到凹痕部位进行轻柔的顶压。在操作时用力要均匀、轻柔，不要一次用力太大，防止产生大的变形使修复失败。

3. 粘接拉拔

首先清洁好粘接位置，用胶黏剂将合适的接头粘接在凹陷位置，将拉拔器和拉拔接头连接，拉拔时边拉边观察，直到凹陷平整为止。

4. 综述

微损伤免漆修复工艺的前提是车身漆面没有受到破坏，金属表面没有过大的伸张，利用杠杆原理进行顶撬或拉拔，是一种很实用且又很简单的技术。上述两种修复方式根据车损的部位和程度，既可以单独操作，也可两种方式结合使用，以便更好地提升修复效果。完成之后，再配合使用镜面镀膜技术，使得修复后的汽车表面更加光亮如新。

▫ 问题思考 ▫

（1）微损伤免漆修复的前提条件是什么？

（2）与传统钣金喷漆相比，免漆修复的优势是什么？

（3）简述微钣金修复法的工艺流程及施工要点。

（4）简述粘接拉拔法的工艺流程及施工要点。

（5）两种微损伤免漆修复工艺的应用范围是什么？

学习任务一　铝合金板件修复与校正技术

□ 学习目标 □

（1）能够正确描述铝合金的特点及其在车身中的应用。
（2）能够正确描述铝合金车身和钢质车身在维修时的区别。
（3）能够正确使用铝合金车身的专用维修设备。
（4）能够采用正确的方法校正变形的铝合金板件。
（5）培养安全意识、规范意识和环保意识，养成遵守行业标准和规范的习惯。

□ 相关知识 □

近年来，随着汽车材料的进步和发展，铝合金材料越来越多地应用（全部应用或局部应用）于中高端车型。由于铝合金材料熔点低，加热时极易发生变形，所以当铝合金车身发生碰撞后，受加工硬化的影响很难二次成形，且铝合金车身板件的厚度是普通钢板厚度的 1.5 倍～2 倍，因此损伤部位若强行修复会出现裂纹，有时甚至会发生断裂。生产厂家一般建议，当铝合金车身变形后，应对板件进行更换，不建议修复，铝合金车身板件如采取换件修复，则用粘接、铆接的方法，很少采取传统的钢质车身钣金维修的方法。然而更换铝合金板材的费用比较高，所以，维修技师对一些轻微损伤的铝合金件会采取特殊方法进行修复。

案例分享

由于目前还不能准确统计出哪些车型的车身是铝合金材料，所以，任何钣金技师在车身修复之前一定要准确地判断该车辆是否为铝合金材料，然后才可以确定修复方式。

小郑在一家 4S 店当钣金技师，一日，有一辆事故车来 4S 店维修，前台按规范接待后就交给了小郑，该车的左前门和右后翼子板各有一处凹陷。小郑对事故车进行检查后，确定车身结构没有变形，只有这两处外部损伤。小郑认为修复这两处损伤很容易。小郑用打磨机将凹陷部位的漆面进行打磨，随后就准备使用钣金修复机对凹陷处进行拉伸，但在连接搭铁时怎么也搭不上去，仔细检查设备，没有发现异常。困惑中，小郑只得请来主管帮忙，主管仔细观察了打磨后的漆面，又用磁性螺丝刀接触前门，对小郑说："这是铝合金车身！怎么能用这个修复机修呢？"顿时，小郑满脸通红。

铝合金材质的汽车越来越多，因此，判断车身材料和准确选择修复方式就显得尤为重要。

一、铝合金的特性

1. 铝合金的焊接特性

通常情况下，铝合金是可以使用惰性气体焊接的。但是，由于在焊接过程中的退火作用，焊接处的强度损失较大，修复后，车辆自身振动和行驶的颠簸会使焊接处产生裂纹。所以，铝合金车身修复中一般很少采用焊接的方式（少数生产厂家也允许采用焊接方法），而通常采用粘接或粘接与铆接共用的方式。但尽管如此，焊接在铝合金车身修复中也并不是可有可无的。在进行结构件更换时，通常需要在结构件之间使用焊接的方法，以增强车辆的整体性和导电性。

2. 铝合金的延展特性

（1）由于铝材的可延展性较强，所以铝合金车身在受到碰撞后，很难恢复到原来的形状和尺寸。铝合金面板修复前，首先区分其变形的类型。对隆起部位使用木锤或橡胶锤进行弹性敲击，以释放撞击产生的应力，这样可减小坚硬折损处弯曲的可能性。凹陷部位修复时不要每次敲起太多，应避免拉伸过度。在铝合金面板修复时，也可使用铝合金钣金修复机对损伤部位进行校正，在修复到位后，使用专用工具将介子齐根剪下，打磨平整即可。对于钢质车身来说，当面板和内层结构同时发生变形时，可以采取内外层分离，分别修整后折边咬口的修复方法。但对于铝合金面板，就不能使用这种方法了。如果采用这种方法修复铝合金面板，折边部位会由于铝合金的韧度较差而出现裂纹或断裂。

（2）在进行铝合金面板校正前，应对其进行适度的加热，这与传统的钢板修复有着明显的区别。校正钢板一般应尽量避免加热，以免降低钢板的强度。而在修复铝合金面板时，必须利用加热的方法增加其可塑性。如果不加热，施加校正力会引起铝合金面板开裂。但由于铝熔点较低（660℃），若加热过量会造成铝合金面板变形或熔化，所以，在对铝合金面板进行加热前，应使用200℃的温度贴（见图2-1）贴在损伤部位周围。这样在加热过程中可以通过颜色的变化对温度进行实时监控。

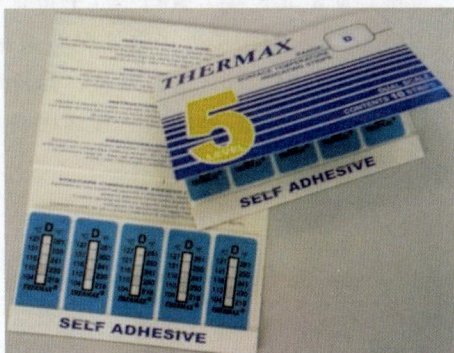

图2-1 温度贴

> **提示**
>
> 对铝合金板件修复加热时，除了可使用温度贴外，还可用热敏涂料或红外测温器实时监测加热温度。

（3）当铝合金面板发生延伸时，可采取热收缩的方法进行处理。操作时应缓慢冷却收缩部位，不可使其急速降温，从而避免过度收缩造成板材变形。另外，修复铝合金面板时，禁止使用钢质车身维修时所用的收缩锤或收缩顶铁，以免造成损伤部位开裂。

二、铝合金车身修复应具备的条件

1. 维修技师应接受专门培训

铝合金车身的修复与传统钢质车身修复有很大的区别。维修技师不仅对铝材的特性要非常了解，还要对铝合金车身的修复工艺、连接方式与接口形式、胶黏剂与铆接工具等性能了如指掌。实际操作过程中，维修技师要时刻牢记安全注意事项。

2. 需要独立的维修空间和防爆吸尘系统

铝合金板材在打磨过程中会产生很多铝合金粉尘，维修人员吸入后会损伤身体，而且粉尘在空气中易燃易爆，所以在维修铝合金车身时要设置独立的维修空间和防爆吸尘系统，以保证车身修复操作更加安全。

> **提示**
>
> 2014 年 8 月 2 日，某金属制品有限公司抛光二车间（生产汽车轮毂的车间）发生特别重大铝合金粉尘爆炸事故，造成 75 人死亡、185 人受伤。其原因就是车间里粉尘浓度过大，通风不足遇上电器火花所致。

3. 带有定位夹具的大梁校正仪

车辆发生碰撞后，损伤部件经检查确认无法修复或修复后无法达到其原有性能时，就必须更换该部件。更换铝合金部件时，其连接方式与钢质车身有很大区别。钢质车身的接缝处一般采用焊接方式，而铝合金车身的连接处多采用粘接或粘接与铆接共用的连接方式。由于胶黏剂固化时间长，如果不对更换部件进行定位，修复后的车身就很难恢复原技术尺寸。当校正架没有专用定位夹具时，使用辅助夹具或通用夹具固定是一种比较有效的方法。

> **提示**
>
> 一般铝合金车身发生结构变形损伤后不建议拉伸校正车身，而是直接更换变形结构件，以防拉伸校正时产生裂纹，影响车身安全。

4. 专用的维修设备和工具

在进行铝合金车身修复时，具备带有定位夹具的校正架是远远不够的，还要有专用的气体保护焊机、铝合金钣金修复机（见图 2-2）、强力铆钉枪（见图 2-3）、铆钉取出器等设备和工具。在修复过程中，一定注意工具要单独摆放，不能与修复钢质车身的工具放在一起。因为修复钢质车身的工具残留有钢铁碎屑，钢铁碎屑会对铝合金造成腐蚀。

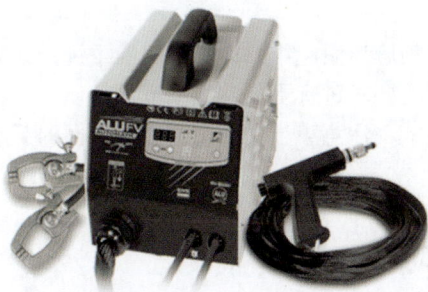

图 2-2 铝合金钣金修复机

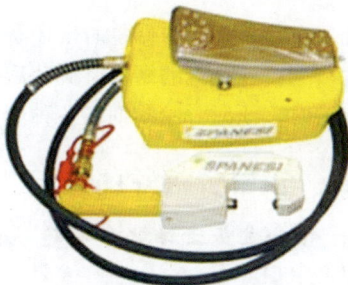

图 2-3 强力铆钉枪

三、铝合金板件的更换

铝合金车身板件受到撞击无法恢复时，应采取局部或整体更换的方法进行修复。特别是由于铝合金板材硬化，损伤部位出现裂纹或断裂现象时，应该使用此方法。铝合金板件的更换是铝合金车身修复时较为常用的一种方法。

（1）分离铝合金板件时，可使用切割锯、切割砂轮、錾子等工具，与钢质车身的板件分离没有太大区别，但氧气 - 乙炔切割在铝合金板件分离时绝对禁止使用。另外，由于铝合金车身的铆钉通常是由高强度特殊合金材料（如硼钢）制成的，所以铆钉无法采用传统钻除方法去除。正确的方法是，在铆钉顶部使用专用焊机焊接介子销钉（不可重复使用），然后用专门的拉拔工具将铆钉拔出，如图 2-4 所示。介子销钉焊接前，应对铆钉顶部的漆面进行打磨，在拉拔时，专用工具应与铆钉呈垂直状态。

图 2-4 通过焊接的方法取下铆钉

（2）传统的车身通常使用机械紧固和焊接等两种连接方法，而铝合金车身的构件大部分是通过粘接或粘接与铆接共用的方式连接在一起的，粘接既有连接固定的作用，又有防腐密封的作用。所以，更换铝合金板件应严格按照厂家的技术要求，选用原厂提供的零部件或总成，正确选择切割位置和连接方式。

（3）相对于钢质车身，铝合金车身板件更换的定位工作更为重要。铝合金车身粘接部位的胶黏剂需要较长的固化时间（25℃时需要 36h）。如果胶黏剂固化后车身尺寸发生了位移或变动，那可以说是灾难性的。所以，测量后必须使用定位夹或通过夹具对更换部位进行定位。

（4）在铝合金车身修复时，还有很多注意事项应该引起维修人员足够的重视，如铝合金车身上一些特殊颜色的螺栓，拆卸后应按照厂家的要求进行更换，绝不可重复使用。在进行板件更换时，还应对胶黏剂和各种专用工具的性能、注意事项和使用方法做全面的了解。

四、铝合金板件的修复

1. 铝合金钣金锤配合塑料顶铁修复工艺

（1）定损

① 直尺法：用直尺测量损伤部分与完好区域之间的误差，从而判断板件损伤情况，用水性笔对损伤区域进行标记，如图 2-5 所示。

② 手掌触摸法：按照"米"字形手掌触摸法进行定损，如图 2-6 所示。

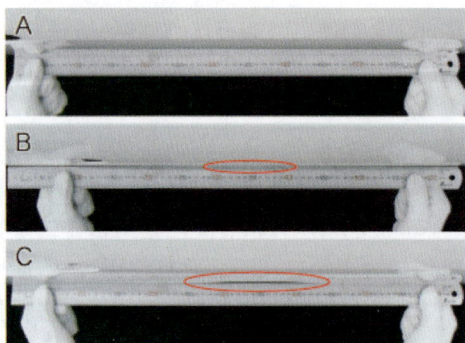

图 2-5　直尺法定损

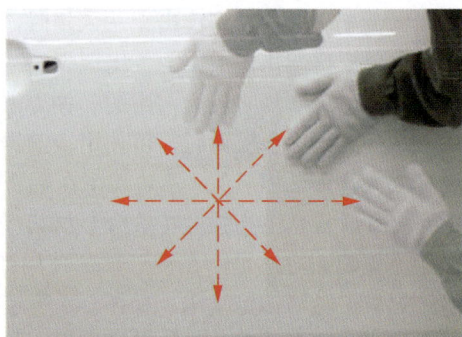

图 2-6　手掌触摸法定损

③ 目测法：首先清洁铝合金板件，在光线充足的情况下，根据反射光线的扭曲程度判断，多角度、大范围观察铝合金板件表面，对损伤区域进行全方位目测定损，如图 2-7 所示。

（2）清除旧漆层

把打磨机的转速调整为 2 000r/min 左右，选用 120# 砂纸，调整好打磨头与板件之间的角度（15°～ 30°），打磨损伤区域的漆面，不可以伤及周边漆面，如图 2-8 所示。

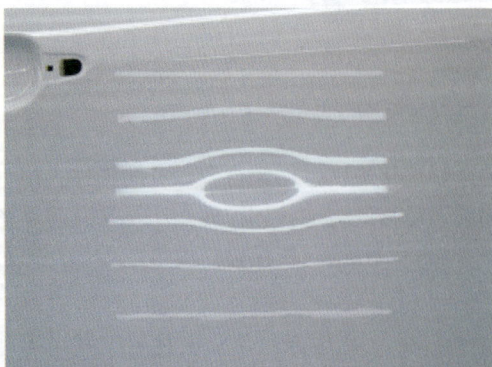

图 2-7　目测法定损

图 2-8　打磨损伤区域漆面

打磨时要做好防护措施。

（3）预热损伤区域

在受损处用湿布覆盖，以免加热时热传导超过未受损区域。

温度贴放置在加热区域附近约 50mm 处。用加热工具（见图 2-9）对损伤区域加热，如图 2-10 所示，加热过程中，一旦温度超过 200℃立即停止加热，因为温度超过 200℃时，铝合金强度会降低。

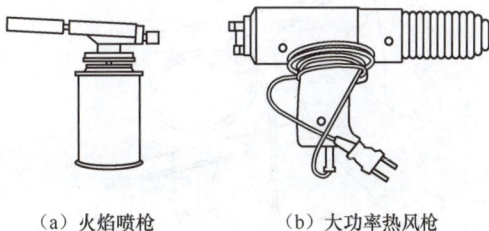

（a）火焰喷枪　　　　（b）大功率热风枪

图 2-9　常用加热工具

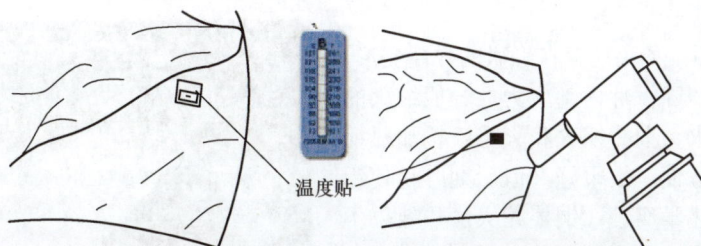

温度贴

图 2-10　预热损伤区域

（4）钣金锤 / 顶铁维修损伤

维修铝合金板前，须彻底清洁钣金锤、顶铁表面。因铝合金冷却速度快，在加热之后需立即进行敲打整平作业，如图 2-11 所示。敲击时，通常使用虚敲的方式，钣金锤和顶铁采用的是铝合金专用的木质材料，如果损伤较大，可重复进行平整。进行敲击修复操作时，要注意敲击力度适中，切勿用力过度，防止二次损伤造成板件加工硬化。敲打整平的方向如图 2-12 所示。

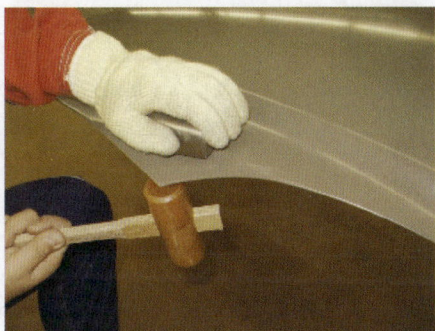

图 2-11　敲打整平作业

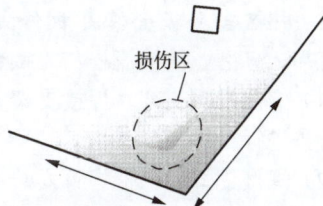

损伤区

图 2-12　整平方向

（5）清洁

吹净打磨后的铝合金板件受损区域表面（见图 2-13），用除油剂配合干、湿擦拭纸进行清洁除油（见图 2-14）。

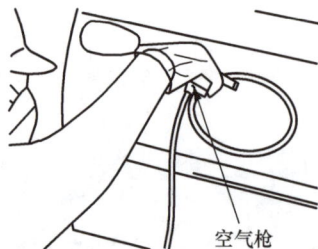

图 2-13　吹净受损区域

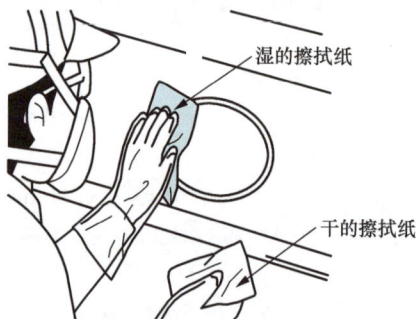

图 2-14　除油

（6）缩火精平

　　板件修复后，如果还存在轻微的弹性变形，用缩火的方式消除板件内部应力。一般缩火的方式有碳棒缩火、铜棒缩火和火焰喷枪加热缩火。碳棒缩火方便，效果好，但后期容易使铝合金板发生电化学腐蚀；铜棒缩火加热效果不好，一般不使用；火焰喷枪加热缩火效果好，但须在加热过程中时刻注意板件的温度变化，一般温度不可超过 200℃，如图 2-15 所示。铝合金板处理后不需单独做防腐处理，因为铝合金板会马上形成氧化膜阻止自身进一步的氧化。

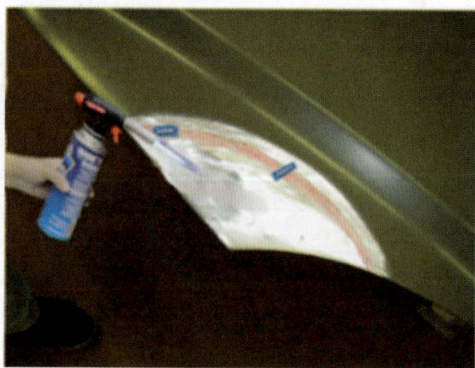

图 2-15　火焰喷枪加热缩火作业

提示

　　铝合金板缩火也可用大功率的热风枪，使用方便，效果好。缩火时应缓慢冷却收缩，不可对板件进行突然冷却降温操作。

2. 用铝合金钣金修复机修复铝合金板凹陷

定损、打磨、清洁流程与"铝合金钣金锤配合塑料顶铁修复工艺"相同。

（1）安装焊接支架，焊接支架要与板件垂直，连接指示灯亮起后即可进行焊接作业。焊接时首先进行试焊。

（2）焊接铝焊钉。把焊钉安装在焊枪上，接通铝焊机的电源，调整合适的电流大小，如图 2-16 所示。把焊钉用一定力（不能太大或太小）压在板件上，焊钉要与板件接触面垂直，按压焊枪的启动开关，通电后焊钉会被焊接在铝合金板上，如图 2-17 所示。

图 2-16 将焊钉安装在焊枪上

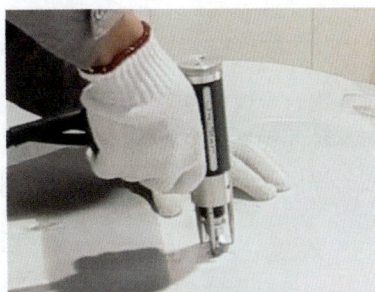

图 2-17 焊接铝焊钉

（3）把拉伸连接件拧到焊钉的螺纹上，如图 2-18 所示。

（4）拉伸修复。对受损板件进行加热拉伸、旋转拉伸（见图 2-19）。加热拉伸时要使用温度贴（100～200℃）。拉伸力要慢慢加大，防止局部变形过大，拉伸的同时可以用铝合金钣金锤对拉伸部位进行敲击整形。

图 2-18 固定拉伸连接件

图 2-19 旋转拉伸

（5）剪除焊钉。拉伸完毕后，用斜口钳剪除焊钉，如图 2-20 所示。

（6）焊接部位用锉或打磨机打磨平整，如图 2-21 所示。用砂轮打磨铝合金材料，砂轮很容易被磨屑塞死，降低打磨效率，一般不推荐使用。铝合金板处理后不用单独做防腐处理，因为其表面会马上形成氧化膜阻止自身进一步的氧化。

图 2-20 剪除焊钉

图 2-21 用锉打磨平整

□ 知识拓展 □

（1）铝合金板修复除了可以焊接铝焊钉以外还可以焊接铝介子片，铝介子片因材质不同可分为不种的种类，所对应的维修铝合金板件也不同。

（2）焊接铝介子片的设备与焊接铝焊钉的设备不同，焊接铝介子片需要有保护气体。

□ 任务总结 □

微课

铝合金板件修复
与校正

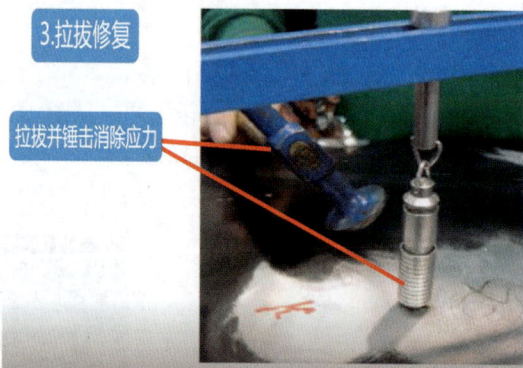

3.拉拔修复

拉拔并锤击消除应力

AR
汽车钣金

铝合金板件修复与校正

1. 铝合金板件特点

铝合金车身修复中一般很少采用焊接的方式，而通常是采用粘结或粘结与铆接共用的方式。在进行铝合金板件校正前，应对其进行适度的加热，这与传统的钢板修复有着明显的区别。

2. 修复条件

维修技师应接受专门培训，维修工作需要独立的维修空间和防爆吸尘系统、带有定位夹具的大梁校正仪和专用的维修设备和工具。

3. 更换铝合金板件

分离铝合金板件时，与钢质车身的板件分离没有太大区别。连接铝合金板件时，一些特殊颜色的螺栓卸载后，应按照厂家的要求进行更换，绝不可重复使用。

4. 修复铝合金板件

铝合金板件的修复方法与钢板类似，但工具不可通用，工艺流程包括定损、清除旧漆层、预热损伤区域、钣金锤／顶铁维修损伤、清洁、缩火精平等。

5. 安全事项

铝合金板材在打磨过程中会产生很多铝合金粉尘，维修人员吸入后会损害身体健康，而且在粉尘空气中易燃易爆，所以在维修铝合金车身时要设置独立的维修空间和防爆集尘、吸尘系统，以保证车身修复操作更加安全。

6. 综述

对于铝合金板件的修复主要分为两种：一种是车身覆盖件损伤不太严重时，可用铝合金钣金锤配合塑料顶铁修复，修复过程有别于钢板修复，敲击要轻，或使用专用铝合金钣金修复工具，在修复时还需要对变形部位加热，注意加热温度的控制；另一种是车身变形严重时需要局部或整体更换，更换多采用粘接或粘接与铆接的方式，对部分区域可采用铝焊接。由于高端品牌中的铝合金车身越来越多，对于维修难度和成本也带来了挑战，所以掌握铝合金车身的损伤修复工艺十分重要。

∙∙∙∙∙∙∙∙∙∙∙∙∙∙∙∙∙∙∙∙ ❑ 问题思考 ❑ ∙∙∙∙∙∙∙∙∙∙∙∙∙∙∙∙∙∙∙∙

（1）铝合金的特性有哪些？
（2）铝合金车身修复应具备的条件有哪些？
（3）铝合金车身修复的专用维修设备和工具有哪些？使用时有哪些注意事项？
（4）简述更换铝合金板件的注意事项。
（5）简述钣金锤配合塑料顶铁修复铝合金板件的工艺流程和施工要点。
（6）简述用铝合金钣金修复机修复铝合金板件凹陷的工艺流程和施工要点。

学习任务二 塑料件修复技术

∙∙∙∙∙∙∙∙∙∙∙∙∙∙∙∙∙∙∙∙ ❑ 学习目标 ❑ ∙∙∙∙∙∙∙∙∙∙∙∙∙∙∙∙∙∙∙∙

（1）能够正确描述塑料件的特点及其在车身中的应用。
（2）能够正确使用塑料件的专用维修设备。
（3）能够采用正确的方法校正变形的塑料件。
（4）能够对塑料件进行修补。
（5）培养诚信、科学、严谨的工作态度和精益求精的精神。

∙∙∙∙∙∙∙∙∙∙∙∙∙∙∙∙∙∙∙∙ ❑ 相关知识 ❑ ∙∙∙∙∙∙∙∙∙∙∙∙∙∙∙∙∙∙∙∙

汽车塑料件修复主要是指汽车保险杠、仪表板、空调风道以及其他塑料件壳体等的修复。塑料件修复一般有两种方案：一是更换塑料件；二是修复原件。前一种方案主要工作是拆装，技术要求不高，经济效益较好，因而汽车维修企业较倾向于更换；后一种方案费工费时，经济效益不高，技术要求却较高，因此许多汽车维修企业不太愿意承接汽车塑料件的修复工作。但是从绿色环保角度出发，对能够修复的汽车塑料件还应以修复原件为主。同时，作为一门技术而言，塑料件修复技术在市场上应用还是很广泛的。

一、车用塑料的种类和识别

1. 塑料的种类

目前汽车上使用的塑料件较多，这些塑料件主要采用热塑性和热固性两种类型的塑料制成。热塑性塑料类似于"蜡烛"，能通过加热反复熔化再成型，在整个过程中化学成分不会发生变化。热固性塑料则类似于"鸡蛋"，在最初加热和使用催化剂或紫外线光照射的条件下会发生化学变化，冷却后硬化成一种永久的形状，再次加热或使用催化剂时其形状不会发生变化，在整个过程中化学成分也不会发生变化。常见的车用塑料化学名称、符号及应用如表2-1所示。

化学粘接是维修塑料件普遍而适用的方法，既方便又简捷。热固性塑料件只能采用粘接法维修，热塑性塑料既可使用粘接法，又能加热软化焊接。无论选择哪种方法修复塑料件，必须首先识别塑料的类型。

表 2-1　　　　　　　　　　　　　　　　车用塑料的主要种类

缩写	化学名称	属性	耐热温度/℃	应用	备注
ABS	丙烯腈-丁二烯-苯乙烯共聚物	热塑性	80	车身板、仪表板、护栅、大灯外罩	禁止用汽油、有机溶剂或芳香族溶剂
EPDM	乙烯-丙烯二烯共聚物	热固性	100	保险杠冲击条、车身板	耐大多数溶剂，但禁止用汽油浸泡
PA	聚酰胺	热固性	80	外部装饰板	禁止使用蓄电池酸
PC	聚碳酸酯	热塑性	120	护栅、仪表板、灯罩	禁止使用汽油、制动液、蜡、除蜡剂和有机溶剂
PE	聚乙烯	热塑性	80	内翼子板、内衬板、帷幔、阻流板	耐大多数溶剂
PP	聚丙烯	热塑性	80	内饰件、内衬板、内翼子板、散热器挡风帘、仪表板、保险杠、面罩	耐大多数溶剂
PPO	聚苯醚	热固性	100	镀铬塑料件、护栅、大灯外罩、仪表板、装饰件	可用汽油快速擦拭法清除油脂

2. 塑料的识别

塑料的识别很重要，只有在确定塑料的种类后才能确定具体的维修方法。因此在对塑料件进行修复前，必须先正确识别塑料的种类，识别方法大致有以下 5 种。

（1）国际符号或 ISO 码识别法

塑料件背面有一个模压在椭圆内的条款号或缩写字母供识别，如图 2-22 所示，PP 代表塑料的种类。

（2）查阅手册识别法

未标注国际标准符号的塑料件，可查阅最新版本车身维修手册予以识别。

（3）试焊识别法

该方法是在部件的隐秘区或损坏区选择一种塑料焊条进行试探性焊接，常用的塑料焊条包括 ABS、PPR、PEPE、PVC 和 PP 5 类。试焊时，应准备一套塑料焊接工具，在试焊前应大致判断塑料件的种类，尽可能一次将焊条种类选择正确，然后再进行试焊。

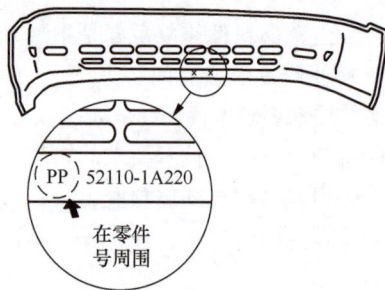

图 2-22　塑料保险杠背面的标记

（4）回收标志识别法

常用的几大类塑料，还可以通过回收标志进行鉴别，如图 2-23 所示。回收标志一般在板件的背面或容器的底部，标志中的数字代表塑料的品种。正规厂家生产的产品，都有这个标志。

1	2	3	4	5	6	7
PET	HDPE	PVC	LDPE	PP	PS	OTHER

图 2-23　塑料回收标志中的代码与对应的缩写代号

提示

回收标志识别法是一种简易又非常实用的鉴别方式，读者可观察附近的车辆上的回收标志，进行练习。

（5）燃烧鉴别

对于普通的塑料品种利用燃烧方法即可鉴别得比较准确，一般要反复对比记忆才可掌握，没有什么捷径。燃烧时的火焰颜色、气味以及离火后的状态等可以作为鉴别的依据。如从燃烧现象上不能确认塑料的品种，可选取已知塑料品种的样品作为对比，鉴别效果更好。表 2-2 为几种常用塑料的燃烧特征，对于有些改性品种，其燃烧特征已经改变，须在实践中反复验证确定。

表 2-2　　几种常用塑料的燃烧特征

名称	英文	燃烧情况	燃烧火焰状态	离火后情况	气味
聚丙烯	PP	容易	烟少，熔融滴落，火焰上黄下蓝	继续燃烧	石油味
聚乙烯	PE	容易	烟少，熔融滴落，火焰上黄下蓝	继续燃烧	石蜡味
聚氯乙烯	PVC	难软化	火焰上黄下绿，有黑烟，熄灭后变为白烟	熄灭	很强的刺激性酸味
聚苯乙烯	PS	容易	软化起泡，火焰橙黄色，有浓黑烟，有大量炭末	继续燃烧	特殊的乙烯气味
尼龙	PA	慢	熔融滴落	起泡，慢慢熄灭	燃烧羊毛、指甲的气味
聚碳酸酯	PC	容易，软化起泡	有少量黑烟	熄灭	无特殊味
聚对苯二甲酸乙二醇酯	PET	容易，软化起泡	火焰黄色，有少量黑烟	继续燃烧	酸味
丙烯腈-丁二烯-苯乙烯共聚物	ABS	缓慢，软化燃烧，无滴落	火焰黄色，有黑烟	继续燃烧	特殊气味

提示

① 不是所有的塑料都可以焊接修复。

② 不能直接对部件进行燃烧实验，应在背面隐蔽处用小刀刮下一些粉末进行燃烧。切记，所有塑料件在修复之前一定要确定其塑料类型，然后方可进行修复。

二、热塑性塑料的修复方法

1. 塑料件的热校正

大多数的汽车车身塑料件都具有良好的弹性和柔性，当受到冲击、挤压等机械损伤时，一般都会以弯曲、扭曲或弯扭变形共存的综合变形出现。对变形的热塑性塑料，可采用热校正的方法使变形得到恢复。

对热塑性塑料件进行热校正时，先将变形的塑料件在 50℃ 左右的温度下加热一定时间，当塑料件趋于软化后用手将变形处恢复原状，如图 2-24 所示。对局部小范围变形，可用热风枪对变形部位进行加热来校正。

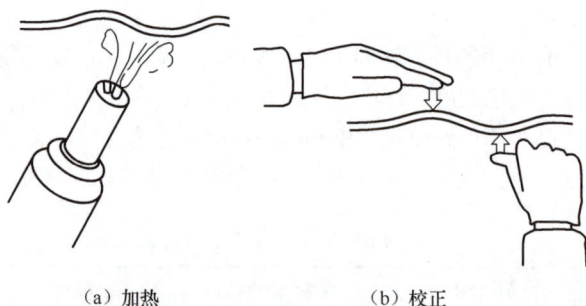

（a）加热　　　　　　　　（b）校正

图 2-24　用手将变形处恢复原状

如果变形面积较大，应使用红外线烘干灯加热变形部位，如图 2-25 所示。红外线烘干灯加热效率高、升温快，当塑料件稍有变软时，立即对变形部位进行按压校正。如果变形面积较大，为了获得良好的外观，可以借助辅助工具如光滑的木板等进行校正。使用红外线烘干灯时要注意控制塑料件的受热温度，一般应以 50 ~ 60℃ 最好，最高温度不能超过 70℃，避免产生永久性变形。完成校正后，应在原处慢慢恢复到常温状态，不要强制冷却或过早移动，避免构件发生整体变形。

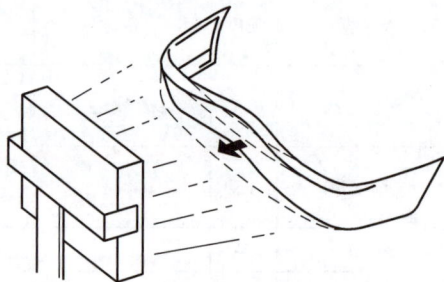

图 2-25　用红外线烘干灯加热变形部位

> **提示**
>
> 大面积变形时，应先把大体形状修复到位，再用热风枪小面积修复。

热塑性塑料在受到损伤产生弹性变形时，其恢复期通常在 60min 内，施加一定的温度，其变形部位可自动恢复原状。此特性在塑料件维修中应注意并可利用。

某日，小张在倒车的时候，不小心撞到了一颗碗口粗的树上，导致后保险杠上出现一道凹痕。小张将车送到路边维修店进行维修，维修技师拿起锤子和撬棒准备开始修复，还没有开始，就被一个看上去很有经验的老师傅制止了，大喊一声："XXX，不能那样修！快去，把电吹风拿来"。老师傅蹲下来一边用电吹风在凹陷处慢慢地吹，一边用抹布来回擦。十几分钟后，凹陷处慢慢地还原了。半个多小时后，凹痕完全消失了，不仔细看几乎看不出来。老师傅告诉小张，这种方法一定要在碰撞后一小时内进行才有效果。

2. 塑料件的焊接

塑料件焊接时，塑料焊条只在表面软化，芯部仍维持原状。焊接完毕后焊条的形状没有多大变化。塑料件焊接时，在对焊件和焊条加热的同时，向焊条施加压力，使焊条进入焊区并形成永久结合。塑料在焊接时只是焊缝两侧有熔流带，中部与焊条原有形状一致，图 2-26 所示为手工塑料焊接示意图。

图 2-26　手工塑料焊接

除手工塑料焊接外，也可选用热空气塑料焊机来焊接。热空气塑料焊机由空气压缩机提供气源，采用电热元件加热空气（230～340℃），热空气通过焊嘴喷到塑料上。大多数热空气塑料焊机使用的焊嘴工作压力为 21kPa。典型的热空气塑料焊机如图 2-27 所示。

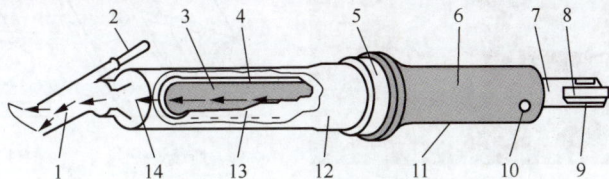

（a）热空气塑料焊机的组成

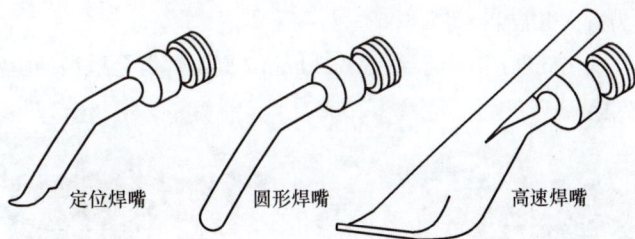

（b）焊嘴的类型

图 2-27　典型的热空气塑料焊机

1—焊嘴；2—喷嘴；3—不锈钢加热元件；4—加热室；5—螺母；6—冷空气；7—空气软管；8—120V交流电；
9—压缩空气或惰性气体；10—螺钉；11—手柄；12—外筒；13—内筒；14—热空气

热空气塑料焊机的焊嘴连同焊条一起使用，焊条的直径通常为 5mm。焊接时塑料焊条必须和所要焊的塑料材质相同，这样才能保证焊接后的塑料具有适当的强度、硬度和柔韧性。根据焊接的不同要求可选用不同的焊嘴，塑料焊机的焊嘴类型及用途如表 2-3 所示。

表 2-3　　　　　　　　　　　塑料焊机的焊嘴类型及用途

焊嘴名称	焊嘴用途
定位焊嘴	焊接前，把破裂的塑料截面定位焊在一起，然后再施焊
圆形焊嘴	用于短焊、小孔焊，或在不易接近的地方焊接以及尖角焊接
高速焊嘴	把持、送进并自动预热塑料焊条，适用于较快的焊接速度、长直焊缝和各种形式的焊接

使用热空气塑料焊机应严格按使用说明书正确操作，以免不当操作造成热空气塑料焊机的损坏。热空气塑料焊机焊接的程序大致如下（以保险杠为例）。

（1）把焊机的焊接温度调节至适当值。

（2）清洗塑料零件并擦干。

（3）在损伤部位开 V 形槽并清洁，切不可使用清洁剂清洁，须用打磨机打磨保险杠，如图 2-28 所示。在损伤部位一侧斜切宽约 6mm 的斜坡。

（4）对损伤部位进行定位焊或用铝质胶带粘贴好。进行定位焊接时两板材的接边要对准，较长焊缝可先进行断续定位焊几小段，然后再进行连续焊接，如图 2-29 所示。

图 2-28　打磨保险杠

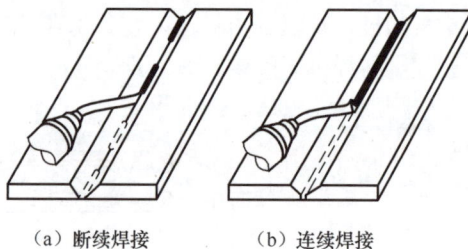

（a）断续焊接　　　　（b）连续焊接

图 2-29　定位焊的两种方法

（5）选用最适合于损坏件材料的焊条和焊嘴，对塑料保险杠开裂处进行焊接，如图 2-30 所示。焊接深度应为进入基底材料厚度的 75%。

（6）焊好后进行硬化处理，冷却、凝固约 30min。磨削焊缝至适当的轮廓如图 2-31 所示。

图 2-30　塑料保险杠焊接

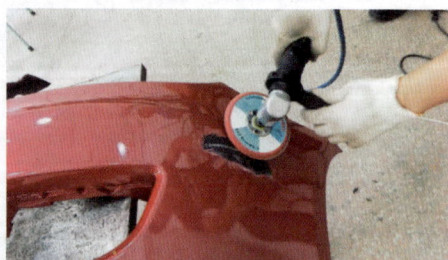

图 2-31　打磨焊缝

（7）用 80# ～ 180# 砂纸逐渐打磨修复区域，直至平整。

（8）使用原子灰补平表面直至表面光滑，最后进行表面补漆。

3．焊接维修的注意事项

焊接维修时应注意以下事项。

（1）对塑料件打磨后一定要将表面的打磨粉尘清洁干净。

（2）对塑料件焊接时，如果焊缝较长，要做多段定位焊接。

（3）焊接时对塑料件的加热温度不能太高，以免烧损塑料。

（4）焊接完成后，一定要待塑料件冷却后再进行打磨。

> **提示**
>
> 在焊接塑料件时，如焊缝的长度或宽度较大，在焊接前可先植入钢丝再进行焊接以增加强度。

三、热固性塑料的修复方法

化学粘接是修复塑料件普遍而适用的方法。热固性塑料件只能采用粘接法修复，热塑性塑料虽能加热软化焊接，但使用粘接法更为方便简捷。能将两种或两种以上的同质或异质制件（或材料）连接在一起，固化后具有足够强度的有机或无机的、天然或合成的一类物质，统称为胶黏剂（黏合剂），习惯上简称为胶。选择胶黏剂修复塑料件必须首先识别塑料的种类，并依此选择相应的胶黏剂，如表 2-4 所示。

表 2-4　　　　　　　　　　　　　　塑料胶黏剂的选用

塑料种类	选用的胶黏剂	粘接特性
PP（聚丙烯）	巨箭G-922PP 聚丙烯塑料胶	无刺激性气味，无毒性，可室温施工。用于粘接PP与PP，PP与ABS，PP与PVC，金属与ABS、GP、AS等硬胶，粘接后可在常温下自然固化，定位时间较短
PE（聚乙烯）	巨箭G-911PE 聚乙烯塑料胶	无刺激性气味，无毒性，可室温施工。用于粘接PE与PE，PE与ABS，PE与PVC，金属与ABS、GP、AS等硬胶，粘接后可在常温下自然固化，定位时间较短
ABS（丙烯腈-丁二烯-苯乙烯共聚物）	巨箭G-977 ABS专用胶	具有使用方便、快速定位、黏结强度高、固化物无毒等优点。胶黏剂全固后防水、耐热、耐寒、耐油、耐腐蚀等性能与ABS工程塑料一样，为目前粘接ABS、亚克力、PC、PS、GP、AS等工程硬塑料的最佳胶种
PS（聚苯乙烯）	巨箭G-955PS胶	用于粘接ABS、PS、HIPS、PC、GP、AS等硬塑胶料。无刺激性气味，无毒性，可室温施工
PC（聚碳酸酯）	巨箭G-933PC胶	用于粘接PC与PC、PC与ABS、亚克力与亚克力、PS与PS、HIPS与玻璃等，粘接后可在常温下自然固化，产品具有定位时间短，易操作，固化后的胶黏剂不发脆，完全不发白，不溶不熔，防水、防蚀、防锈等特质

续表

塑料种类	选用的胶黏剂	粘接特性
PA（尼龙）	巨箭G-966 尼龙专用胶	它是乙烯基聚合物为主体的单组分尼龙（PA）专用胶；优点有使用方便、单组分、高强度、高性能、常温或加温固化均可等；具有优异的防水、耐热、耐寒、耐油、耐腐蚀和无白化等性能；适合尼龙6、66、1010、1013等尼龙材质的粘接
PVC（聚氯乙烯）	巨箭JUKAM G-901A PVC塑料专用胶	通过先进生产工艺合成的专为解除硬质聚氯乙烯（PVC）材料难黏合问题研制的硬质聚氯乙烯（PVC）塑料专用胶

很多胶黏剂成膜物自身具有足够的机械强度，通过添加增黏树脂等，可广泛应用于热熔胶、涂料等领域。但是其对某些极性材料缺乏足够大的附着力，因此要配合黏结附着力促进剂方可提高黏结强度，达到满意的性能指标。用于热熔胶、涂料、胶黏剂等领域的黏结附着力促进剂主要是 Carity-120 系列，其特性和用法、用量如表 2-5 所示。

表 2-5　　　　　　　　　　　黏结附着力促进剂的特性

规格	外观	参考用法	储存方法
Carity-120	无色或白色粉末	添加量为主体树脂质量的5%～10%	置于常温阴凉干燥处密封保存

1. 划痕与裂纹修复

塑料件产生较轻微的划痕或裂纹（见图 2-32）损伤时，采用胶黏剂进行修复是较简单而实用的方法。对划痕或裂纹进行粘接修复可按以下步骤进行。

（1）打磨、清洁损伤部位

修复塑料件的划痕或裂纹，首先用打磨工具将损伤表面的喷涂层打磨干净，之后将划痕或裂纹部位擦洗干净。

（2）粘接修复

损伤部位打磨清洁以后，在打磨后的划痕或裂纹表面刮涂胶黏剂，如图 2-33 所示。待胶黏剂干透硬化以后，将胶黏剂打磨平整，接下来即可对表面喷涂颜色了。

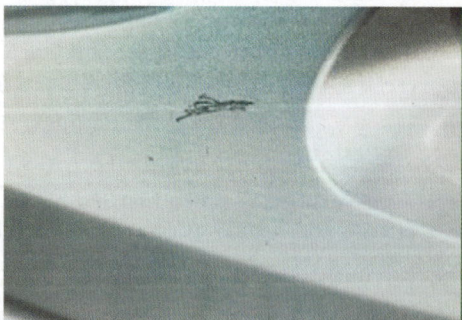

图 2-32　表面划伤的塑料件

图 2-33　刮涂胶黏剂

2. 撕裂和刺破的修复

对撕裂或刺破等较为严重的损伤，采用胶黏剂修复时还须对损伤部位的背面采取增加强度的措施。修复可按以下程序进行。

（1）对损伤部位打磨、清洁及开坡口

①打磨：对撕裂或刺破损伤进行修复前，应将损伤表面彻底清洗，然后擦干，如图 2-34 所示，接着可对损伤区域进行打磨。在打磨正面的同时还须将背面一起打磨干净。

②开坡口：清洗打磨以后，使用 80# 的砂纸打磨损伤部位的两面，清除油漆，并沿着缺口打磨出 V 形凹槽，如图 2-35 所示。也可用美工刀切割出坡口，有利于涂上黏结附着力促进剂。为了提高黏结力，可在缺口的周围钻几个小孔，如图 2-36 所示。

图 2-34　对损伤区域进行清洗

提示

开坡口的作用是增加损伤部位与胶黏剂的接触面积，以增大黏结强度。

图 2-35　打磨出 V 形凹槽

图 2-36　在缺口的周围钻孔

（2）粘接修复

① 背面处理，在修复前先剪一块比撕裂口大的加强网覆盖在塑料件背面以增加强度，如图 2-37 所示。

② 涂胶黏剂。背面的处理结束后，装上静态混合胶嘴，在先前剪好的加强网上打上混合后的胶黏剂（见图 2-38）。

③ 打好胶黏剂后迅速将带有胶黏剂的加强网覆盖在保险杠背面有损伤的部位。轻轻挤压，让胶黏剂流到正面，如图 2-39 所示。

④ 将塑料膜覆盖在保险杠正面的胶黏剂上，轻轻挤压，使胶黏剂覆盖住损伤的部位，如图 2-40 所示。以上操作须在 2min 内完成。

⑤ 等待约 15min 干燥时间。用 80# ～ 180# 砂纸逐渐打磨修复区域，直至表面平整。

图 2-37　裁剪加强网

图 2-38　胶黏剂

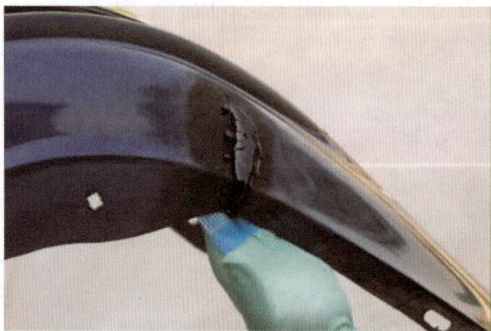

图 2-39　背面覆盖带有胶黏剂的加强网

图 2-40　覆盖塑料膜

⑥ 使用原子灰补平表面直至表面光滑，如图 2-41 所示，最后进行表面补漆。

图 2-41　用原子灰补平表面

□ 知识拓展 □

（1）塑料件加热修复时，为了使修复后喷涂作业好处理，一般要从塑料件内部加热修复。

（2）塑料件焊接时，为加强焊缝强度，可先从内部垂直于裂缝焊接焊条，再焊接焊缝。

（3）塑料件的修复除了可用焊接和粘接之外，还有其他哪些修复方法？

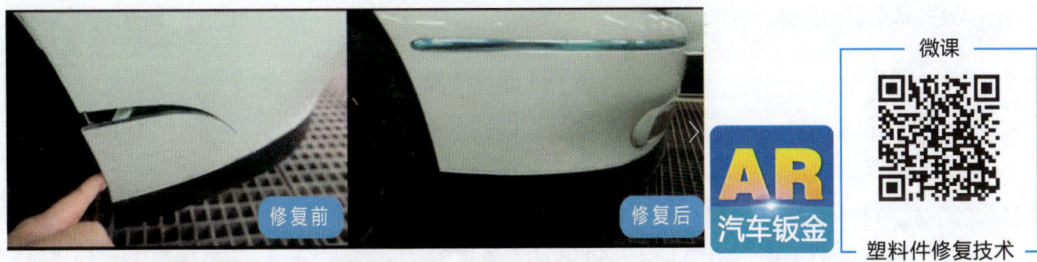

塑料件修复技术

1．塑料种类

目前汽车上使用的塑料件较多，这些塑料件主要采用热塑性和热固性两种类型的塑料制成。

2．塑料识别

塑料的识别方法有 ISO 码识别法、查阅手册识别法和试焊识别法以及在维修中常见的简易辨别方法。

3．修复方法

对变形的热塑性塑料可采用热校正的方法使变形得到恢复；对破损的热塑性塑料，可采用热空气塑料焊的方法进行修复；而热固性塑料件只能采用粘接法修复。

4．综述

塑料件的维修不同于金属件，无论从设备上还是从工艺上讲，都与金属件的维修有着很大的区别。不同的塑料种类，不同的理化性质，所采用的修复方法也不同。通常热固性塑料件只能采用粘接法修复；热塑性塑料既可使用粘接法，又能加热软化焊接。传统的车身维修看重金属件的修复而往往忽视塑料件的修复，然而随着塑料在汽车上的应用逐渐增多，汽车塑料件的强度和形状直接影响着车辆的刚度、美观性、密封性和舒适性。因此，现代轿车对塑料件维修的重视不亚于对金属件的维修。

□ 问题思考 □

（1）塑料分为哪两类？各有什么特点？

（2）如何识别车用塑料的种类？

（3）简述热空气塑料焊的工艺流程和注意事项。

（4）简述热校正法工艺流程和注意事项。

（5）简述粘接法修复热固性塑料的工艺流程和注意事项。

学习任务三　皮革材料修复技术

□ 学习目标 □

（1）能够正确描述皮革材料的特点及其在车身中的应用。

（2）能够正确使用皮革修复的专用维修工具。

（3）能够采用正确的方法修复皮革材料。

（4）培养较强的法律、安全、质量、效率、保密及环保意识，具备严谨的工程技术思维和工匠精神。

···········□ 相关知识 □···········

汽车内部的饰面材料对乘坐的舒适性和内部空间的装饰性都有重要的影响，而座椅会与人长时间直接接触，所以好的座椅饰面材料更是重中之重。汽车座椅使用的面料主要是皮革材料和绒布材料，皮革材料主要应用在普通车款的高配车型，而绒布材料主要应用在普通车款的低配车型上。由于皮革材料拥有安全可靠、美观舒适等优点，而且随着生产工艺的进步，生产成本也在逐渐下降，因此皮革材料在汽车座椅上的应用越来越普及。在长期的使用过程中，皮革材料难免会出现污渍、褪色、破损等问题，除了关注日常的皮革护理，也要在出现损伤后及时修复，以保障汽车座椅的使用效果和寿命。

一、皮革材料的特点

1. 皮革材料的种类

车用皮革材料包括天然皮和人造革两大类。

（1）天然皮

动物的表皮经加工鞣制后即为天然皮，未加工前为生皮，加工处理后为熟皮，而熟皮再经各种外观处理（如染色、涂漆、揉搓等）后就能用于制作各种皮具产品，我们常称之为"真皮"，其实"天然皮"才是更确切的说法。天然皮的表面纹路自然，具有透气性好、延伸率大、可塑性良好、韧度强、不易破裂等特点，最适合于皮革制品。每张天然皮可分为两层结构，最外表的一层（表面层）俗称"头层皮"，底层称为"二层皮"，如图 2-42 所示。这两层因以天然成长结合，故不易剥离，现在分述如下。

图 2-42　天然皮的两层结构

① 头层皮是动物外皮的表皮层，因为纤维组织严密和有毛细孔的关系，所以不仅耐磨，而且具有良好的透气性。革面上保留完好的天然状态，涂层薄，能展现出动物皮自然的花纹美，价格也较昂贵。

② 二层皮纤维组织较疏松，所以韧度（破裂强度）较差，延伸率也较小，经化学材料喷涂或覆上 PVC、PU 薄膜加工而成，使其皮质手感较厚。它虽保持着头层皮的特性，但毕竟不是头层皮，透气性和耐用性不如头层皮，但光泽度与头层皮一样，外观与头层皮也一样，价格只是头层皮的 1/3。

（2）人造革

人造革是以人工通过压轮压制而成的表面带花纹的一种仿皮革制品。因此人造皮的表面花纹一致，重复而不自然。为了产制方便，其长度方向延伸性较差，延伸方向有限制，延伸率小。人造革的种类很多，而在汽车上使用的是综合性能较好的 PU 人造革。

PU 人造革是在底布上面加贴 PU 材料而成，为了模仿天然皮的外观及质感，PU 材料做成薄膜，再贴覆于底面（PU 皮大多为拉毛棉面），后以离型纸制成压纹，再着色而成，所以横剖显示表面层为 PU 层（薄膜），底层为底布层，二层皮人为贴合，故剥离强度较低。

2. 皮革材料的鉴别方法

对于皮革成品，要区分真假皮革比较困难，特别是面积小、结构紧密、看不到里面的皮革制品。对这类产品的辨别方法如下所述。

（1）滴水鉴别法：吸水性强的为天然皮，反之可能为人造革。

（2）吹气鉴别法：可对准皮革的反面带口水吹气，在正面出现渗漏，则为天然皮，因为天然皮具有防逆性能。当人们穿上皮质服装时，防寒效果非常明显，又形成了很好的透气性，这就充分体现了天然皮的价值。

（3）视觉鉴别法：首先应从皮革的花纹、毛孔等方面来辨别，如图 2-43 所示。在天然皮的表面可以看到花纹、毛孔确实存在，并且分布得不均匀，反面有动物纤维，侧断面层次明显可辨，下层有动物纤维，用手指甲刮拭会出现皮革纤维竖起，有起绒的感觉，也会有少量纤维掉落下来；而人造革反面能看到织物，侧面无动物纤维，一般表皮无毛孔，但有些有仿皮人造毛孔，会有不明显的毛孔存在，有些花纹也不明显，或者有较规则的人工制造花纹，毛孔也相当一致。

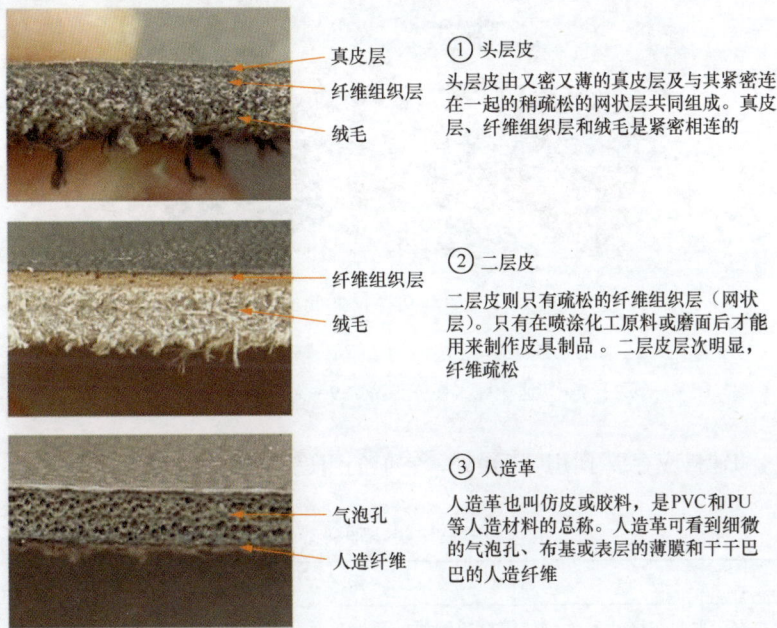

① 头层皮
头层皮由又密又薄的真皮层及与其紧密连在一起的稍疏松的网状层共同组成。真皮层、纤维组织层和绒毛是紧密相连的

（真皮层、纤维组织层、绒毛）

② 二层皮
二层皮则只有疏松的纤维组织层（网状层）。只有在喷涂化工原料或磨面后才能用来制作皮具制品。二层皮层次明显，纤维疏松

（纤维组织层、绒毛）

③ 人造革
人造革也叫仿皮或胶料，是PVC和PU等人造材料的总称。人造革可看到细微的气泡孔、布基或表层的薄膜和干干巴巴的人造纤维

（气泡孔、人造纤维）

图 2-43 视觉鉴别皮革种类

（4）手感鉴别法：天然皮手感富有弹性，将皮革正面向下弯折 90° 左右会出现自然皱褶，分别弯折不同部位，产生的折纹粗细、数量明显不均匀，基本可以认定这是天然皮，因为天然皮由天然的不均匀的纤维组织构成，因此形成的皱褶纹路表现也有明显的不均匀性；而人造革手感像塑料，恢复性较差，弯折下去折纹粗细、数量都相似。

（5）燃烧鉴别法：主要是嗅焦臭味和看灰烬状态。天然皮燃烧时会发出一股毛发烧焦的气味，烧成的灰烬一般易碎成粉状；而人造革，燃烧后火焰也较旺，收缩迅速，并有股很难闻的塑料味道，烧后发黏，冷却后会发硬变成块状。

提示

上述鉴别皮革材料的方法在生活中也能用到，如购买皮鞋时，可以用这些方法鉴别皮鞋皮质的好坏。

二、皮革材料的修复工艺

天然皮的表面是色层，中间是皮层，底部是纤维层。汽车上使用真皮（即天然皮，汽车行业俗称真皮）的部位主要在座椅、转向盘、车门板几个地方，也是使用率比较高的地方。在长期的使用过程中，要定期进行清洁、保养、上光、抛光、补色等一系列护理工作，使真皮制品恢复美观的外形，并且使皮革的使用寿命延长。一旦出现褪色、破损等问题，要及时翻新修复，以保障汽车座椅的使用效果和寿命。下面以真皮座椅为例，介绍一下真皮修复的方法，使用的主要工具和材料如图 2-44 所示。

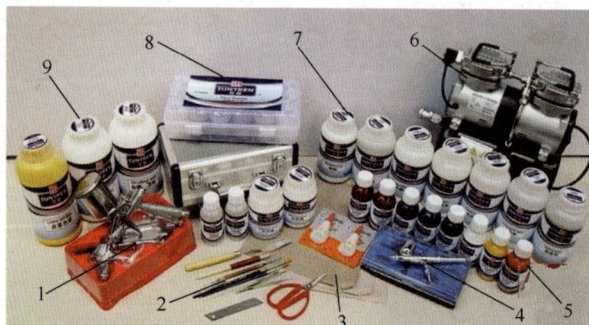

图 2-44　修复皮革的工具和材料

1—喷枪；2—裁剪工具；3—无纺布；4—喷笔；5—小瓶皮革色浆（8色）；
6—气泵；7—其他辅料；8—光感剂；9—大瓶皮革色浆（3色）

主要材料和辅料应存放于阴凉干燥处，它们的用途如表 2-6 所示。

表 2-6　　　　　　　　　　　　主要材料和辅料的用途

名称	用　途
清洁剂	清洁剂主要在修补上色前使用，起到清洁脱脂的作用，以便修补。改色剂容易上色并且上色均匀。用时需要用温水调和，比例为1:1。清洗后要迅速用干净的抹布擦干
皮革软胶	皮革软胶是修补皮革的主要用胶，质地柔软，不发硬，牢固性好。皮料破洞处口子太大的话，不能直接用补伤膏修补，需要在破口里面加入比破口稍大的无纺布等，以增加皮革的牢固程度，再上补伤膏
补伤膏	补伤膏是修补皮革的主要材料。它属于慢干型材料，对裂缝、磨损、砂眼等伤口明显的部位填补有很好的效果，黏合力好，不发硬，不飞脱，具有与皮革表面相似的柔韧度。使用时不宜打平，需要借助刮刀（也称调色刀），薄薄地打一层然后用电吹风吹干，之后再反复操作多次直至打平为止才能上色。也可用手指蘸树脂或清水轻轻抹平，用电吹风吹干，吹风时应离皮革稍远些，过热会起泡，等稍干些再上色
软化剂	软化剂使皮革的手感柔软、细腻、光滑、饱满。操作时，需将软化剂均匀喷涂于皮革表面
光感剂	光感剂用于相对较亮的皮革，会使皮革的表面颜色更加鲜亮、皮革质感更加细腻、手感更加顺滑。操作时将光感剂均匀喷涂于皮革表面

续表

名称	用　途
皮革色浆	皮革色浆是皮革翻新修复的主要材料，用于修复皮革的色彩。色浆共有8种颜色：黑色、白色、蓝色、红色、黄色、紫红、棕色、绿色。它具有高浓度、高细微度、高遮盖力、高附着力，具有颗粒能微观分散的最优效果使用时需用等量树脂稀释调和
树脂	树脂与色浆调配使用，主要起到稀释与增加色浆附着力的作用，使色浆不易脱落。注意调色时树脂的量要掌握好，不能多也不能少，多了色浆过稀不易上色，少了色浆黏稠，待色浆干透后容易出现开裂脱落等现象
封闭剂	封闭剂使皮革表面重新形成一层保护膜，防止色浆渗透，影响皮革的柔软度，还可以起到微小伤口的黏合作用。操作时，需将封闭剂喷涂于皮革表面
封底剂	对渗透较快的皮革特别是柔软、纤细的皮革做底层封闭用，使颜色渗透速度变慢，使皮革柔软、丰满、不变硬，保持原有的形态。操作时，需将封底剂喷涂于皮革表面

1. 皮革的翻新

人们经常见到的真皮褪色一般指色层脱落，如图 2-45 所示，而皮革翻新也主要是针对色层进行修复。

（1）皮座清洗

首先要用软刷子、半湿毛巾配合清洁剂，重点清洗需要修复、有皱纹的皮面（因为这里的灰尘很多），然后用干毛巾擦干。这样做的目的是保证皮革表面的清洁和干爽，后续材料才能更好地渗透皮层，如图 2-46 所示。

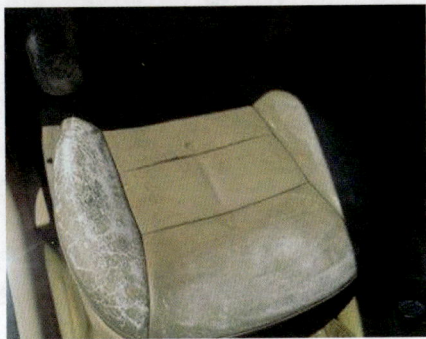

图 2-45　真皮褪色

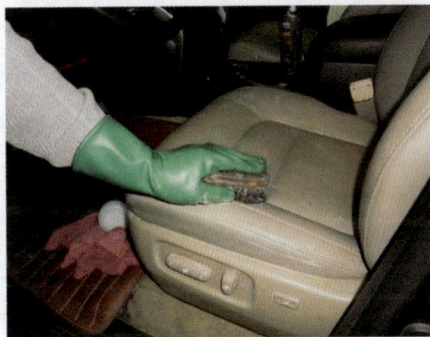

图 2-46　清洗皮座

（2）皮座打磨

接下来要用水砂纸打磨需要修复的表面，如果有一些龟裂的硬块，应除掉，打磨后的皮屑用牙刷刷除，如图 2-47 所示。

（3）软化补伤

在处理过的皮革表面涂上皮革软化剂，用来软化发硬的真皮，然后再按照"填充—打磨—填充—打磨"的顺序涂上补伤膏，这一过程和汽车喷漆里面的"补

图 2-47　打磨皮座

土"工序一样，只不过施工对象是皮面不是漆面，如图2-48所示。

（4）处理上色

上色前还要在皮层表面喷一层清洁剂，用于分解皮层污渍、纤维，然后尽快在60～150s内上色。要对应色卡选定颜料、均匀上色，最后再喷上起到固色作用的封闭剂，如图2-49所示。

图 2-48　涂补伤膏

图 2-49　修补上色

提示

真皮座椅美观、舒适性好，但维护较为麻烦，有脏污时要及时处理，不然后期很难处理翻新。

2. 破损的修复

当汽车真皮座椅出现破损，损伤已经到达中间皮层甚至是底部纤维层时，可以用粘补的方法进行修补，修复难度较大。

（1）微小裂口的粘补

真皮座椅上出现微小的裂口时，要把裂口处平铺在案台上，在裂口中涂上皮革软胶，然后把裂口对齐，用吹风桶烘干，待烘干后，裂口就不见了。

（2）较大破口的粘补

① 将破口处展平，取一块比破口略大一些的无纺衬布，从开口处放入，垫在破口下面铺平，如图2-50所示。

② 将皮革软胶涂入破口中，再把缝口对齐，如图2-51所示。

图 2-50　垫入无纺衬布

③ 用电吹风吹干，保证粘接牢固，如图2-52所示。

④ 如有痕迹可用同色色浆涂盖，直到看不出破损痕迹。

⑤ 在破口上面垫一层棉布，用熨斗压烫定型，当革面平整后将垫布取下，如图2-53所示。

⑥ 将整个座椅进行涂饰，破损之处就修复好了。

特别注意的是，其中使用的胶黏剂，除专用的皮革软胶之外，也可以使用树脂类胶黏剂，如环氧树脂胶黏剂、聚乙烯醇缩甲醛胶（即801）、氯丁胶等，切不可使用501、502之类的万能胶。这种万能胶会使皮革变形硬结，影响真皮的美观。

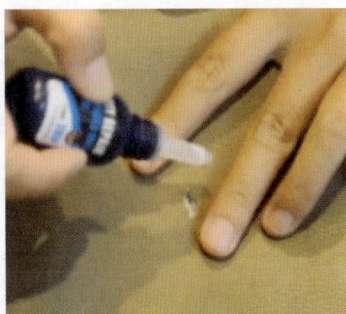

图 2-51　涂入皮革软胶

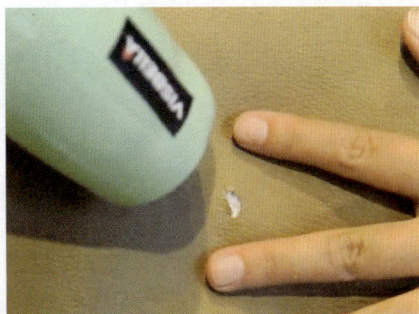

图 2-52　吹干皮革软胶

图 2-53　压烫定型

□ 知识拓展 □

（1）针织座椅的修复与皮革座椅的修复工艺不同，方法也不同。

（2）真皮座椅有大的孔洞也可修复，但修复方法更为复杂，需使用专用修复胶，并喷涂相同的颜色，但要注意真皮修复表面的纹理应与原纹理一致。

□ 任务总结 □

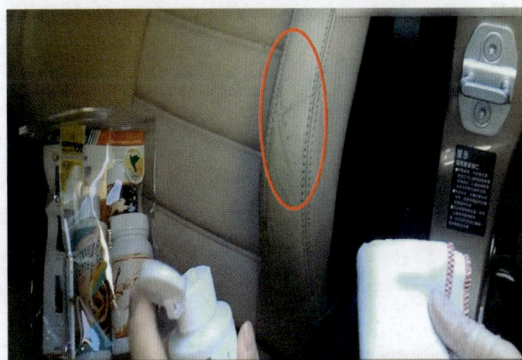

皮革材料修复技术

微课

皮革材料修复技术

1. 座椅种类

座椅饰面材料主要有皮革和织物两类，它们各有优势和劣势。

2. 褪色修复

褪色修复主要是针对皮革色层进行修复，包括皮座清洗、皮座打磨、软化补伤、处理上色等工艺。

3. 破口修复

破口修复主要是针对皮革底层进行修复，包括微小裂口的粘补和较大破口的粘补两种情况。

4. 综述

汽车皮革等的修复既是汽车损伤修复的一个种类，也是汽车美容和养护的一个补充。通过皮革修复，可以将真皮座椅上出现的褪色、局部刮伤、龟裂、老化等现象最大限度地修复，而且经修复、翻新或局部补伤后的皮革具有柔软的手感、自然的光泽，能保证皮革的弹性及良好的透气性能。修复可以把陈旧的汽车皮革制品变废为宝，提升车辆保值度，减少对动物皮料的消耗量，既节约又环保。

□ 问题思考 □

（1）根据饰面材料的不同，汽车座椅分为哪两类？各有什么特点？

（2）简述座椅褪色修复的工艺流程和注意事项。

（3）简述座椅破口修复的工艺流程和注意事项。

（4）哪些胶黏剂可以用于座椅的修复？

学习任务四 玻璃材料修复技术

□ 学习目标 □

（1）能够正确描述汽车玻璃的特点及其在车身中的应用。

（2）能够正确使用汽车玻璃的专用维修设备与工具。

（3）能够修复挡风玻璃的裂痕。

（4）能够翻新汽车前照灯。

（5）培养自学能力，具备较强的工作能力和可持续发展能力。

□ 相关知识 □

汽车玻璃修复只针对夹层玻璃，也就是前挡风玻璃。而钢化玻璃一旦受到外力便会粉碎，因此无法对其进行修复。玻璃一旦出现轻微受损要及时修复，在风吹雨淋以及温度影响下，玻璃可能会变形，最终导致裂痕变大。要是错过了最佳修复期，修复效果就会大打折扣。若直接更换玻璃，则会造成不必要的经济损失。

汽车前照灯作为汽车的"眼睛"，不仅关系到车辆美观，更与夜间或坏天气条件下的安全驾驶紧密相连。在长时间的使用后，难免会出现外表发黄、龟裂、模糊不清、划痕等问题，但只要确认灯罩无破口或穿透、灯内没有污渍、塑料边角完整、光源完好，就可以对前照灯进行翻新。

一、汽车玻璃的结构

一般的汽车玻璃采用硅玻璃，其中主要成分——氧化硅的含量（质量分数）超过

70%，其余由氧化钠、氧化钙、氧化镁等组成，通过浮法工艺制成。然后玻璃被进一步加工成钢化玻璃（TSG）或夹层玻璃（LSG）。其中夹层玻璃是指用一种透明、可黏合性塑料中间膜贴在内层和外层玻璃之间，将塑料的强韧性和玻璃的坚硬性结合在一起，能承受较强的冲击力，如图 2-54 所示。钢化玻璃是指将普通玻璃淬火使内部组织形成一定的内应力，从而使玻璃的强度得到加强。在受到冲击破碎时，玻璃会分裂成带钝边的小碎块，对乘员不易造成伤害。而区域钢化玻璃是钢化玻璃的一种新品种，它经过特殊处理，在受到冲击破裂时，其裂纹仍可以保持一定的清晰度，保证驾驶者的视野区域不受影响。

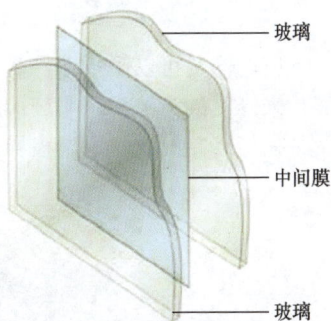

玻璃

中间膜

玻璃

图 2-54　夹层玻璃结构

提示

汽车前窗是驾驶员的主要视野区，同样都是玻璃，为什么前挡风玻璃要比其他玻璃在价格上贵几倍？它们之间有什么差异？

汽车挡风玻璃属于夹层玻璃，即由内层玻璃、中间膜、外层玻璃构成。一般情况下，挡风玻璃被飞溅的石子击伤，只会造成外层玻璃破损，内层玻璃还是完好的，非常适合进行汽车玻璃裂痕的修复。

二、玻璃修复的特点与工具

玻璃修复是对玻璃受损处注入树脂来完成的，可以对一些不太严重的玻璃损伤进行处理。撞击的玻璃孔如果是点状，直径在 3cm 以内，或者裂纹只有一条，且不超过 20cm 都可以进行玻璃修复。相比更换玻璃，快速、便捷以及费用低是玻璃修复最大的特点。当然，玻璃在修复后，强度已不如从前，但目前并没有相关的数据资料来加以印证，这也是其唯一不足的地方。如果路况较为复杂，或者经常行驶在高速公路上，车速较快，建议还是更换受损玻璃，这样比较安全和妥当。

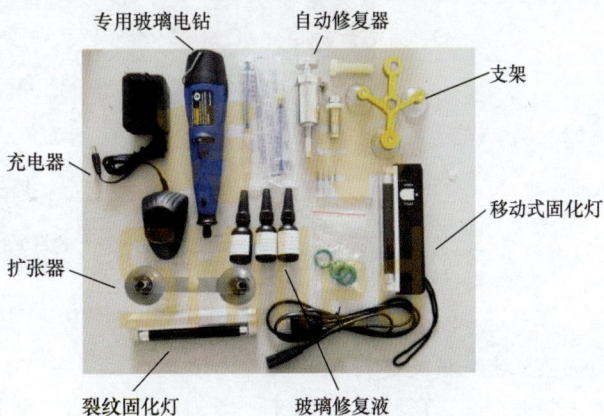

专用玻璃电钻　　自动修复器

支架

充电器

移动式固化灯

扩张器

裂纹固化灯　　玻璃修复液

图 2-55　汽车玻璃修复工具

汽车玻璃修复工具和材料主要包括专用玻璃电钻、自动修复器、支架、裂痕固化灯、扩张器、修复反光镜、刀片和玻璃修复专业树脂胶等，如图 2-55 所示。

三、玻璃微损伤修复工艺

玻璃修复可以简单地将其理解为玻璃被硬物击打而产生损伤后，通过将树脂填入凹块和裂痕来修复的方法。汽车玻璃常见的损伤类型有点状损伤和线状损伤两种，如图 2-56 所示，两种损伤修复的方法大同小异，下面以点状损伤修复为例讲解。

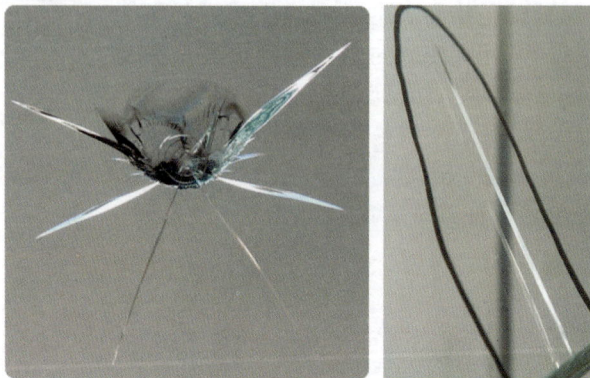

（a）点状损伤　　　　　　　　　（b）线状损伤

图 2-56　玻璃的损伤类型

1. 准备工作

在玻璃修复前，将玻璃表面特别是玻璃破损周围清洁干净，如图 2-57 所示。如果是下雨天或者玻璃裂纹进过水，还要加上玻璃排水的工作，这都是玻璃清洁要做的。玻璃清洁是玻璃修复的前奏，防止玻璃修复时雨水、灰尘的干扰，影响修复效果。

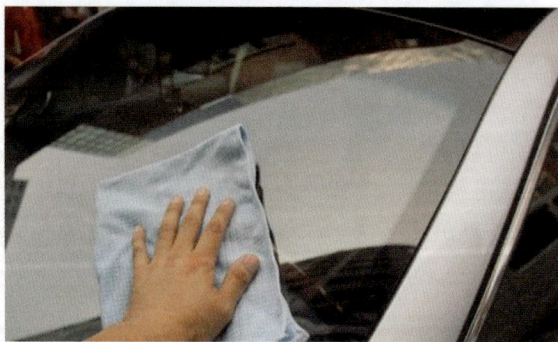

图 2-57　清洁玻璃

2. 对受损处进行预处理

（1）打孔。在玻璃受损处打孔一般有清洁玻璃、助力抽真空、便于注入树脂、止裂等作用，如图 2-58 所示。玻璃打孔也有很多的细节技巧，不是所有的孔都要打透。如果玻璃只有一层有裂纹，则只需要打透第一层即可。

（2）清理。在打孔完成之后，用棉签和吸盘对凹块中的杂质进行清理，最后用气吹将所有杂质吹出，如图 2-59 所示，确保待修区域处于一个干净的状态。

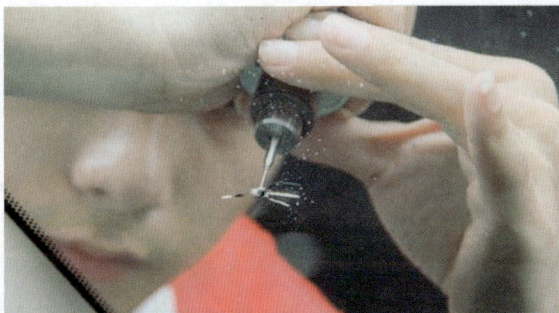

图 2-58　打孔

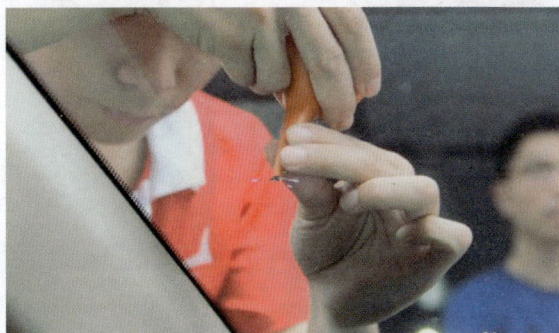

图 2-59　清理杂质

3. 注入树脂填补受损处

（1）安装支架，使用激光定位器对撞击点进行定位，如图 2-60 所示。

（2）滴上树脂后将注胶器安装到支架上，开机自动修复，如图 2-61 所示。

图 2-60　安装定位支架

图 2-61　开始注胶

（3）在裂痕的背面可以观察注胶效果，可以看到裂痕正慢慢消失，如图 2-62 所示。

（4）大约 10min 后"功能"指示灯长亮，注胶器发出报警声，表示注胶已经结束。在遇到树脂无法完全流入裂痕的情况时，还需用硬棒按压裂痕周围引导树脂流入，使树脂填满整个区域。待树脂将凹块和裂痕填满之后，玻璃表面已经非常完整了，肉眼几乎看不出痕迹。

4. 使用固化灯固化树脂

（1）待注入树脂之后，贴上固化贴片，打开固化灯进行固化，如图 2-63 所示。

图 2-62　背面观察注胶效果

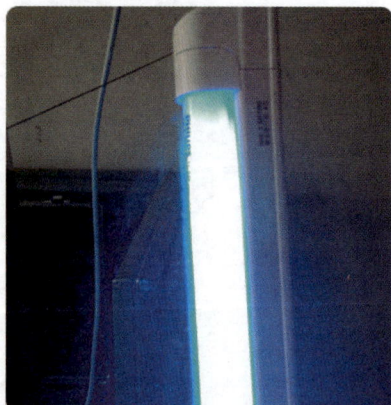

图 2-63　固化灯固化树脂

（2）大约 20 min 后，固化结束，揭下固化贴片，刮除多余树脂，如图 2-64 所示。

5. 收尾工作

最后，用刀片将多余的树脂刮去之后，再对玻璃局部进行抛光，至此整个玻璃修复过程就全部结束了。玻璃裂痕修复前后的对比如图 2-65 所示。

图 2-64　揭下固化贴片

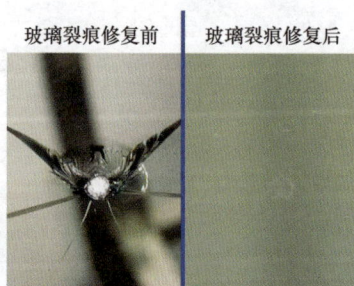

玻璃裂痕修复前　玻璃裂痕修复后

图 2-65　玻璃裂痕修复前后的对比

线状玻璃裂痕修复的工艺流程与点状裂痕基本一致，这里就不再赘述。两者比较大的差异是在注胶前，线状玻璃裂痕修复需要用电钻在裂缝末端打止裂孔，如图 2-66 所示，以防裂缝继续扩大。

图 2-66　打止裂孔

　　一日，小张驾车在路上行驶，突然，一辆满载碎石子的货车呼啸而过，伴随一阵灰尘飘过，只听"啪"的一声，前窗玻璃被货车漏下的石子砸出一个近 5mm 的小洞。小张赶紧将车开到最近的一个修理厂进行维修。维修技师用很小的钻头的电钻，在裂纹的两头分别钻了一个小孔（很慢的速度钻），然后吹净玻璃碎屑，将像牙膏一样的东西挤进小孔，慢慢地"牙膏"和玻璃融在一起。又过了十几分钟，维修技师将损坏部位进行打磨，打磨完成后，小张发现破损处被修复了，和原来一模一样！后来小张请教了维修技师，得知"牙膏"是玻璃修复剂。临走之前，维修技师还提醒小张 2 天内不要洗车。

四、汽车前照灯翻新工艺

　　汽车前照灯的翻新主要针对塑料灯罩，只能处理灯罩变旧、变黄等情况，并不能修复灯罩的破损。前照灯翻新需要的简要工具和材料如图 2-67 所示。汽车前照灯翻新的具体操作步骤如下。

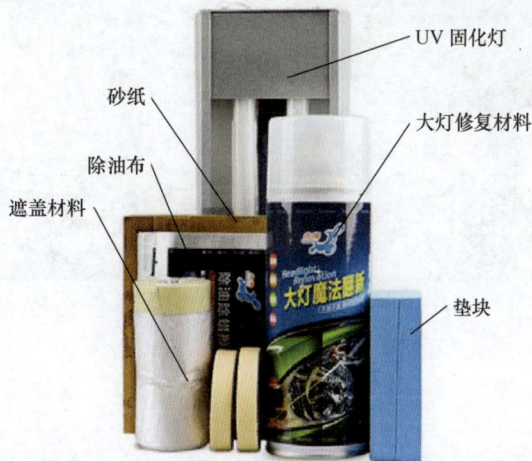

图 2-67　前照灯翻新的工具和材料

1. 查看前照灯情况

必须保证前照灯的缺陷没穿透到灯罩内，确保前照灯内没有污渍且塑料边角完整、灯光正常才可以进行翻新修复，汽车前照灯常见的缺陷有外表发黄、氧化、模糊不清、划痕等。

2. 车辆保护

使用遮蔽带遮盖前照灯边缘，防止在打磨过程中将前照灯边缘处的车漆蹭花，如图 2-68 所示。施工者不熟练的时候，遮蔽带覆盖的面积可以更大一些。

图 2-68　遮盖前照灯边缘

3. 打磨

使用 240#、400#、800#、2000# 水砂纸依次进行打磨，左右移动，均匀用力，如图 2-69 所示，并不时把海绵和砂纸用肥皂水浸湿（注意打磨时不要碰到车漆）。打磨过程中，待水干后观察打磨效果，杂质未去除干净则继续打磨，满意后用下一级标号水砂纸继续打磨。

> **提示**
>
> "240#"表示砂纸的号数（或目），砂纸的号数越大，其磨砂颗粒越细，相反，号数越小，磨砂颗粒越粗。

4. 清洁灯表面

把前照灯上的水渍擦干，并用风枪把水分吹干。

5. 封边

把无须镀膜的部位用万能遮蔽膜封闭好，如图 2-70 所示。

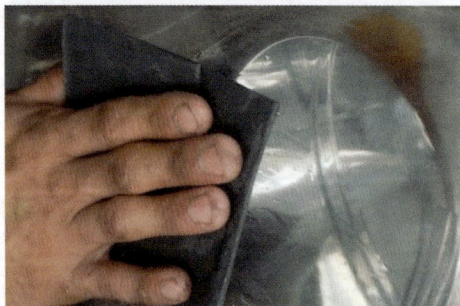

图 2-69　打磨前照灯表面

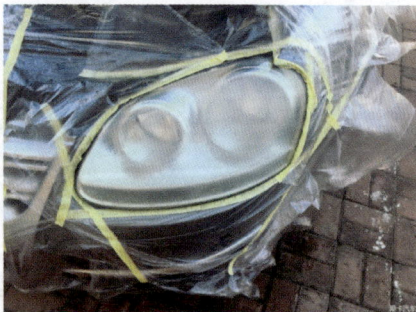

图 2-70　封边

> **提示**
>
> 以下步骤最好在无尘车间或排风系统良好的汽车烤房内进行。

6. 除油与除尘

喷涂除油剂（见图 2-71），擦拭整个前照灯去除前照灯表面的尘点、油渍并用风枪吹干，待除油剂完全干燥后，用粘尘布（见图 2-72）擦拭一遍。

图 2-71　喷涂除油剂

图 2-72　粘尘布

7. 喷涂前照灯修复材料

（1）在喷涂产品时不需要添加任何添加剂、溶剂、助剂。

（2）喷头与前照灯的间隔距离为 30cm，在前照灯表面均匀地喷涂两层修复材料，至流平饱满即可，两层修复材料的喷涂时间大约相隔 20s，如图 2-73 所示。

图 2-73　喷涂前照灯修复材料

（3）前照灯喷涂完后等 2 ~ 3min，使用 UV 固化灯照射 10min 或在阳光下暴晒 20min，直到彻底干燥。照射时一定要注意边角处需照射到位，否则将永远都无法干透。

8. 检查前照灯

检查前照灯是否有颗粒、桔皮，若有，可用 2000# 水磨砂纸轻微打磨，用高速抛光机配合少许的研磨剂（如美鹰微晶研磨剂）进行抛光，最后用干净毛巾擦拭前照灯，检查前照灯是否透彻光亮。

□ 知识拓展 □

（1）汽车前挡风玻璃的强度并没有车身上其他部位的玻璃强度高，只是碎裂后依然连接不破损。

（2）如果是紧急情况，车门打不开，该砸碎哪块玻璃？如何砸？

◻ 任务总结 ◻

微课

玻璃材料修复
技术

对玻璃受损处注入树脂

AR 汽车钣金

玻璃材料修复技术

1. 夹层玻璃

夹层玻璃是指用一种透明可黏合的塑料膜贴在内层和外层玻璃之间，将塑料的强韧性和玻璃的坚硬性结合在一起，能承受较强的冲击力。

2. 玻璃修复

通过对玻璃受损处进行注入树脂的方法，可以对一些不太严重的玻璃损伤进行处理，包括准备工作、清理、注入树脂、固化树脂、收尾等工艺。

3. 前照灯翻新

通过打磨车灯表面再镀膜的方法进行前照灯翻新，包括查看前照灯情况、车辆保护、打磨、清洁灯表面、封边、除油与除尘、喷涂前照灯修复材料和检查前照灯等工艺步骤。

4. 综述

玻璃修复和汽车皮革等修复具有相似之处，既可作为汽车损伤修复的一个种类，也可作为汽车美容和养护的一个补充，对于小型汽车快修快保及美容店，不失为一个很好的盈利增长模式，对于有意进行汽车美容养护的读者，这部分内容是比较重要的。

◻ 问题思考 ◻

（1）夹层玻璃的结构和特点是什么？
（2）简述玻璃修复的工艺流程和注意事项。
（3）点状玻璃损伤和线状玻璃损伤的修复差别是什么？
（4）简述前照灯翻新的工艺流程和注意事项。

学习任务五 轮毂修复与翻新技术

◻ 学习目标 ◻

（1）能够正确判断轮毂的损坏类型。

（2）能够制订合适的轮毂修复与翻新方案。

（3）能够进行轮毂的修复与翻新。

（4）培养积极思考，全方位分析问题、解决问题的能力。加强职业创新意识，培养自主创新的大国工匠精神。

□ 相关知识 □

由于汽车轮毂长时间暴露在外，轮毂表面会产生锈迹、油污等侵蚀性氧化物，或在行驶过程中会遇到各种磕碰，从而表面出现擦伤、残缺甚至变形。如果直接更换的话，成本会很高，而且是不必要的。其实在轮毂没有产生结构性的损伤之前，是可以进行修复与翻新的。轮毂修复与翻新工艺是采用专用的设备和特定的水性化学原材料，应用化学原理通过直接喷涂的方式达到电镀的效果，使修复翻新之后的轮毂如同新品，而且轮毂在经过翻新之后，表层都会形成一层保护膜，保护膜能增强拨水性，不易黏附油脂、灰尘等氧化物，这样就可以大大地增加轮毂的使用寿命。

一、轮毂损坏的类型

通常铝合金轮毂的损坏是外力的作用所造成的，大致可以分为 3 种。

（1）表面损伤指轮毂表面磨损、擦伤等，如图 2-74 所示。

（2）变形损伤指轮毂在外力的作用下发生变形、扭曲，如图 2-75 所示。

图 2-74　表面损伤

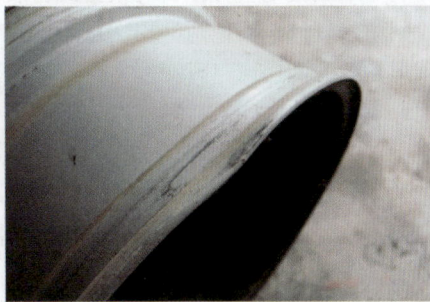

图 2-75　变形损伤

（3）断裂损伤指轮毂受到强烈撞击后发生的不同程度的断裂，如图 2-76 所示。

图 2-76　断裂损伤

二、轮毂修复的范围

轮毂的材质是铝合金，材质本身的抗金属疲劳性相对较差，经外力产生变形，又经外力强行恢复原状，虽然表面看不出变化，但通过电子显微镜可以发现金属内部已经产生许多肉眼看不到的细碎裂纹。从科学的角度上来讲，此处的金属结构与正常轮毂的金属结构已完全不同了，如图 2-77 所示。

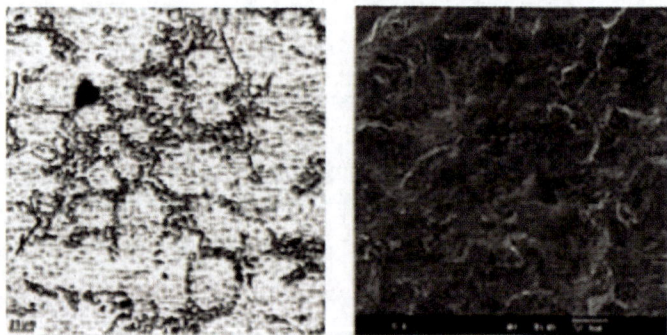

（a）正常轮毂晶体结构　　　　（b）经过弯曲后产生裂纹

图 2-77　金属的微观结构变化

随之而来的就是不可预料的某处疲劳裂纹的产生，然后便是断裂。因此，除了表面损伤可进行翻新修复外，其他两种损伤都不建议大家进行修复。

汽车轮毂表面损伤也有深浅之分，如果划伤部位形成深坑，则为浅度划伤；如果因为严重剐蹭造成轮毂边缘脱落，则称之为深度损伤。因而，对深、浅划伤的处理办法也会有所不同。对于浅划痕来讲，一般通过用专用轮毂填补灰处理就可以，然后稍加修复，即可达到良好的效果。但是，如果出现深损伤，在没有及时修复的情况下，其金属裸露部分将会很快氧化，产生锈蚀并向划痕边缘扩散，会相对增加修复难度，所以要及时修补，做出相应处理。

综上所述，轮毂修复并不是万能的，不是任何程度的损伤都可以修复。如果发现轮毂发生变形甚至断裂，则不建议进行修复，换新轮毂才是最为可靠的办法。

提示

汽车轮毂一般分为钢制轮毂和铝合金轮毂，通常看到的面包车轮毂是钢制轮毂，只是外表卡了一层装饰件。要注意观察高、中、低档车型的轮毂各有哪些差异。

三、轮毂修复与翻新工艺

常见的轮毂修复仅对表面进行处理，基本不影响原轮毂主要的受力结构，对轮毂的可靠性和安全性影响并不大。轮毂修复流程比较简单，工艺相对成熟，与购买新轮毂相比，具有较高的性价比。

1. 检查轮毂受损情况

检查轮毂受损程度和位置，如图 2-78 所示，并根据轮毂原本的颜色做好调色准备。也可以根据车主的喜好调配其他色漆，对轮毂进行个性改色。

2. 拆卸轮胎

先将轮胎拆卸下来，放掉轮胎的气压，将轮胎挤压成扁平状态，使用扒胎机把轮毂拆卸下来（这样可以避免在施工的时候把水渗透到轮胎中）。

3. 铝焊填补

如果轮毂边缘缺口明显，原子灰无法填补，只能采用铝焊的方法将缺口补齐，如图

图 2-78 检查轮毂受损情况

2-79 所示。这里要说明一下，虽然焊接填补也是在轮毂上进行焊接，但和轮毂断裂后的焊接是不同的。首先，缺口位置主要分布在轮毂边缘，不在轮毂主要受力结构上；其次，轮毂不能在有变形和开裂的情况下进行铝焊填充工艺。

填补完毕，使用角磨机对多余不平整部分进行打磨，直至平整，如图 2-80 所示。

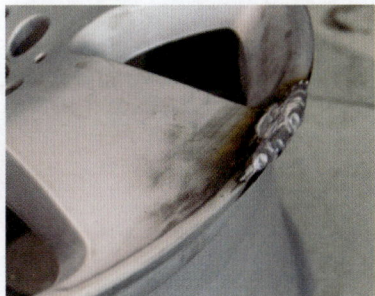

图 2-79 铝焊填补

图 2-80 打磨焊口

4. 喷砂粗打磨

修复前要对轮毂进行一次表面粗打磨处理，通过喷砂除锈工艺来清洁轮毂上的顽固污垢，同时增强轮毂表面喷漆前的附着力，如图 2-81 所示。

喷砂除锈是利用压缩空气将一定粒度的喷砂磨料（如 RZG 石榴砂、天然金刚砂）通过喷砂机喷到有锈蚀层的工件表面上，通过砂子的冲击力和磨削力实现锈蚀层、氧化物、油污等的清除，为涂装、喷涂、电镀等工艺做好表面准备，如图 2-82 所示。

喷砂操作过程如下。

（1）喷砂前的准备。常见的简易喷砂设备的组合和使用方法如图 2-83 所示。把砂子通过磨料投入口装进喷砂机，将进气口连接到压缩空气源，打开阀门 2，使喷砂机上的压力表显示的压力值达到 0.8MPa，并对喷砂机及通风管检查，确保密封良好。

（2）喷射测试。打开阀门 1（控制出气流量）和阀门 3（控制出砂流量）进行喷射测试，直至找到需要的比例。

图 2-81　喷砂打磨

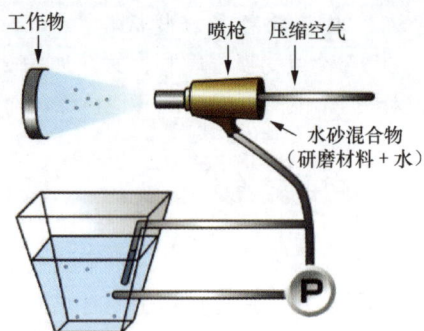

工作物　喷枪　压缩空气

水砂混合物（研磨材料＋水）

图 2-82　喷砂除锈原理

（3）喷砂除锈前，要做好个人的安全防护，穿戴好必备的防护服、防护用具，如图 2-84 所示。

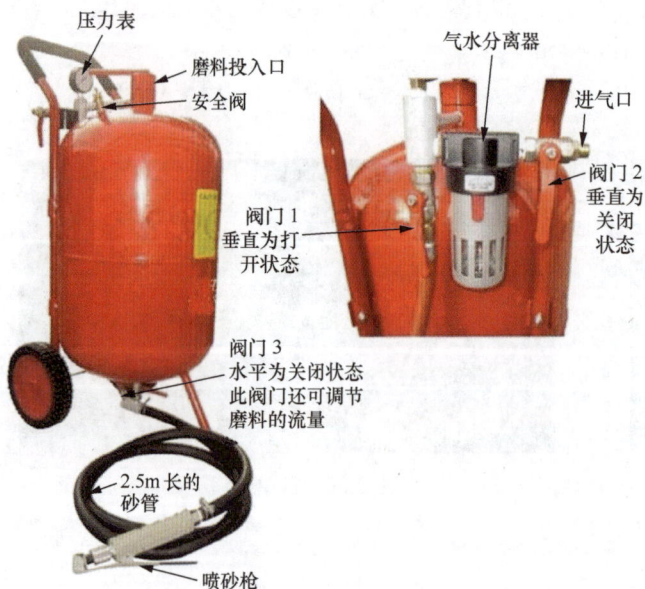

压力表

磨料投入口

安全阀

气水分离器

进气口

阀门 2 垂直为关闭状态

阀门 1 垂直为打开状态

阀门 3 水平为关闭状态 此阀门还可调节磨料的流量

2.5m 长的砂管

喷砂枪

图 2-83　喷砂设备的组合和使用方法

图 2-84　喷砂的个人防护

（4）进行喷砂除锈处理。将喷料对准需要处理的机械工件表面，距离需要保持在 15 ～ 30cm。

（5）喷砂除锈完毕后，先关闭阀门 2，放空喷砂机中的空气。

思考

喷砂处理可以打磨手工难以打磨到的细小部位，那么车身喷漆前为什么不用喷砂处理？

5. **砂纸精打磨**

轮毂通过无尘喷砂处理后，接下来采用比较细腻的水砂纸再进行一次精打磨，如图 2-85 所示。

6. **填充原子灰**

当轮毂打磨平整后，使用合金原子灰将划痕填平，这与汽车钣金用原子灰填平是一种方法，如图 2-86 所示。两者不同的是，轮毂上使用的是合金原子灰，比汽车钣金上使用的普通原子灰更坚硬、细腻。

图 2-85　砂纸精打磨

图 2-86　填充原子灰

7. **打磨原子灰**

用专用设备烤干轮毂后，用 180#、320# 砂纸逐次打磨修补部位，再用 600# 或 800# 干磨砂纸将整个钢圈表面打磨成哑光形式。

8. **喷漆**

将底漆均匀喷涂于整个轮毂或受损部位，干燥后继续查找是否有沙眼，必须把所有沙眼用修复灰填补好，将调配好的色漆均匀地喷涂在轮毂上，如图 2-87 所示。

9. **喷涂纳米金属保护清漆**

前面的流程全部进行完后，轮毂上喷一层纳米金属保护清漆。纳米金属保护漆与普通钣金喷漆工艺所喷的清漆类似，不同的是，纳米金属保护漆相较于普通亮漆硬度更高，不易磨损。

10. **精细抛光**

为了使轮毂外表看起来更加崭新亮丽，使用抛光机配合粗、细两种研磨剂，对轮毂进行最后的打磨，如图 2-88 所示。

图 2-87　喷涂翻新漆

图 2-88　精细抛光

轮毂表面划痕修复比较常见，市面上能见到的轮毂表面划痕修复流程都大同小异。不同的是漆面颜色的微调和烘烤工艺会有好坏之分。修复前后的对比如图 2-89 所示。

图 2-89　轮毂修复前后对比图

11. 注意事项

（1）轮毂缺口大于 3cm 不宜修复。

（2）镀铬轮毂不宜修复。

（3）铝合金拉丝的轮毂不宜修复。

（4）钢材质的轮毂不宜修复。

（5）本工艺均应由专业人员操作，建议在无尘、排气好的环境下施工。

◻ 知识拓展 ◻

（1）轮毂修复后，尤其是补焊后要对轮胎做动平衡，以防轮胎运行时发生不平衡抖动。

（2）有时候轮毂长时间不清洗，其表面会有一层污渍很难去除，此时可使用轮毂清洗剂并用刷子刷除。

◻ 任务总结 ◻

微课

轮毂修复与翻新技术

轮毂修复与翻新技术

1. 损坏类型

铝合金轮毂的损坏大致可以分为表面损伤、变形损伤和断裂损伤 3 种。

2. 修复范围

除了对表面损伤翻新修复外，其他两种损坏都不建议修复，应直接更换。

3. 轮毂修复

轮毂修复仅对轮毂表面进行处理，基本不影响原轮毂主要的受力结构。修复流程包括检查轮毂受损情况、拆卸轮胎、铝焊填补、喷砂粗打磨、砂纸精打磨、填充原子灰、打磨原子灰、喷漆、精细抛光等工艺步骤。

4. 综述

轮毂修复的作用不只是为了美观，更是生命安全的保障。虽然轮毂修复性价比很高，但并不是所有受损伤的轮毂都可以修复。上述修复只是针对磕碰刮擦造成的痕迹，如果是轮毂变形，或者严重破损等情况，不建议进行修复，必须直接更换。

········· ▢ 问题思考 ▢ ·········

（1）铝合金轮毂的损坏类型有哪些？是何种原因造成的？

（2）简述轮毂修复的范围和注意事项。

（3）简述轮毂修复与翻新的工艺流程。

□ 学习目标 □

（1）能够正确描述车门与车身的装配方式并进行拆装与调整。

（2）能够正确拆装车窗玻璃和玻璃升降器。

（3）能够正确拆装车门锁。

（4）能够正确描述发动机盖与车身的装配方式并进行拆装与调整。

（5）能够正确进行保险杠、前翼子板与前照灯的拆装与调整。

（6）强化职业规范意识，培养家国情怀，激发对行业发展的使命感和责任心。

□ 相关知识 □

在车身维修的过程中，有些情况涉及车身板件的拆装：一种是受限于板件的损伤程度，比如车身板件产生比较严重的损伤变形或板件的腐蚀比较严重等，这些板件受损后只能进行拆卸更换；另一种情况受限于板件的安装位置，比如有些面板无法接近背面，维修后板件与原车板件之间的间隙需要进行调整，这些都需要对车身板件进行拆或调整。因此维修技师必须充分了解所修车型相关覆盖件的结构特点及与车身的连接方式，才能正确进行覆盖件的拆卸、装配与维修。

一、车身覆盖件连接方式

车身覆盖件连接有可拆卸连接方式和不可拆卸连接方式两大类，在车身上的应用见表3-1。

车身覆盖件主要指车身蒙皮部分，如车顶发动机盖、前翼子板、后翼子板、行李箱盖和车门等，如图3-1所示，其中车顶和后翼子板一般在车身制造时已经与车身骨架焊接成一体，其他覆盖件则主要通过螺钉、螺栓或铰链与车身连接。本任务以大众新宝来轿车为例，详细说明主要车身覆盖件的拆装和调整过程。

表 3-1　　　　　　　　　　各种连接方式在车身上的应用

类别	名称	主要应用
可拆卸连接	螺纹连接	用螺纹将两个板件连接在一起，是汽车上最常用的连接方式
	卡扣连接	用来安装内部装饰件、装饰条、外部装饰件、线路等
	铰链连接	用来连接车门、发动机盖、行李箱盖等需要经常开关的部件

续表

类别	名称	主要应用
不可拆卸连接	折边连接	用来连接车门内外板、发动机盖内外板、行李箱盖内外板等
	铆钉连接	用来连接车身上不同材料，也可用来连接铝合金、镁合金或塑料车身等
	粘接连接	用于车身需要密封的板件，如车身大面积面板、铝合金车身板件、塑料车身板件等，一般配合螺栓连接、铆接、电阻点焊、折边连接等方式进行
	焊接连接	焊接是对需要连接的金属板件加热，使它们共同熔化，最后结合在一起的方式，主要应用在车身结构件的连接上

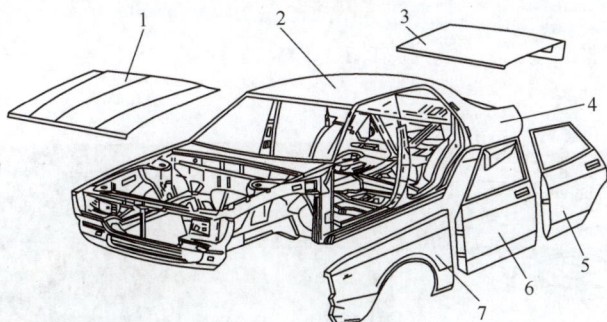

图 3-1 车身覆盖件

1—发动机盖；2—顶盖；3—行李箱盖；4—后翼子板；5—后门；

6—前门；7—前翼子板

二、车门拆装及调整

车门总成是车身中重要的组成部分，其包含车门壳、车窗玻璃、玻璃升降器、车门锁和装饰板等部分。如果车门受损严重，需要将整个车门总成拆卸、更换，并调整车门间隙。轿车的 4 个车门中，前门更为复杂，也更具有代表性，下面以它为例进行学习。

提示

维修时，更换车门总成应先更换车门壳，再更换车门上的其他部件，一般不直接更换车门总成。

1．拆卸车门总成

（1）拆卸车门内饰板

① 为避免使用金属工具划伤内饰板部件，可以使用塑料拆卸楔（见图 3-2）拆除饰条和车门控制面板（注意不要弄断控制线束），如图 3-3 所示。拔掉控制线束插头，如图 3-4 所示。

图 3-2　塑料拆卸楔

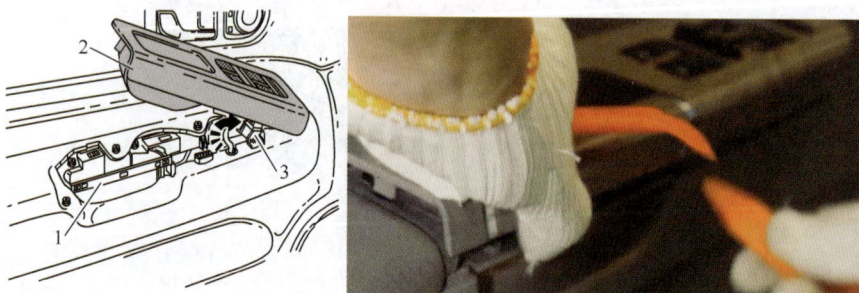

图 3-3　拆卸车门控制面板

1—面板支撑件；2—控制面板；3—控制线束插头

②拆除内装饰板的固定螺钉。固定螺钉的参考位置如图 3-5 所示。用拆卸钳（见图 3-6）松开车门装饰板侧面。

拔掉插头

图 3-4　拔掉控制线束插头

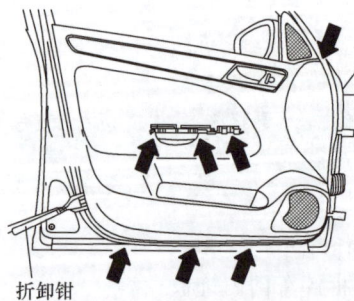

拆卸钳

图 3-5　固定螺钉的参考位置

图 3-6 车门专用拆卸钳

③ 向上抬起车门装饰板，然后用力向外拔，注意卡扣的位置（如图 3-7 所示箭头），全部卡扣拔出后，再向上推整个板，用平头螺丝刀松开拉索导向件，拔出剩余的线束后，即可取下内饰板。

图 3-7 卡扣的参考位置

④ 拆卸隔音板（见图 3-8）后，内饰板的拆卸全部完成。

图 3-8 拆卸隔音板

提示

车型不同，车门内饰板的拆卸方法也不同，一般都由螺栓及卡扣固定，并且螺栓一般都藏在车门内饰板上的装饰条里，拆装时要仔细寻找，不可蛮力操作。

（2）拆卸车窗玻璃升降器

① 将车窗玻璃降下，直到紧固螺栓（见图 3-9）可以从车门板开口处够到，将螺栓旋松，但不拆下。如果由于电动车窗玻璃升降器的故障而导致玻璃不能下降，那么可以把车窗玻璃升降器电机拆下，以便把车窗玻璃往下推。

② 将车窗玻璃提起，并沿图 3-10 中箭头方向向前从车门中取出。

图 3-9　车窗玻璃紧固螺栓

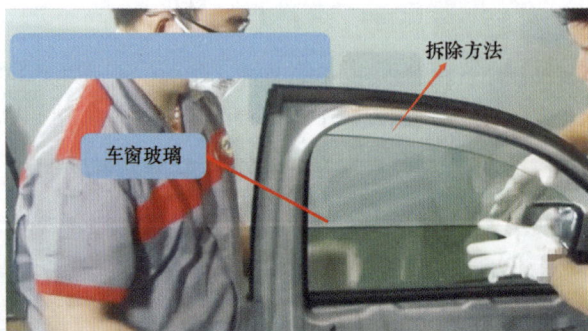

图 3-10　取出车窗玻璃

③ 取出车窗玻璃升降器。断开车窗玻璃升降器电机的连接插头，旋出车窗玻璃升降器电机固定螺栓 4，旋出车窗玻璃升降器固定螺栓 1，将车窗玻璃升降器 3 连同电机 2 一起从车门内部取出，如图 3-11 所示。

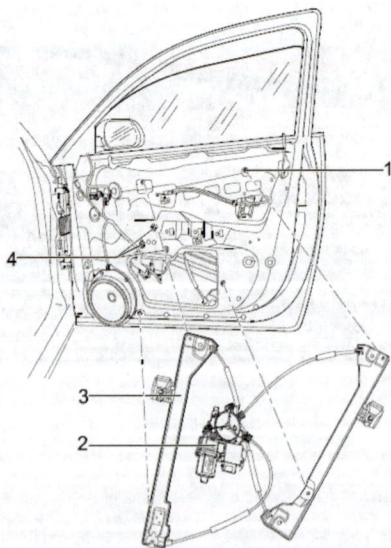

图 3-11　取出车窗玻璃升降器及电机

1—固定螺栓；2—车窗玻璃升降器电机；3—车窗玻璃升降器；4—电机固定螺栓

（3）拆卸车门锁

① 将紧固螺栓的外壳撬出。将车门拉手沿图 3-12 箭头所示方向拉出，并将螺栓旋出直到挡板位置，最终取出外壳。

② 将拉线卡子从车门拉手上撬出，如图 3-13 所示。

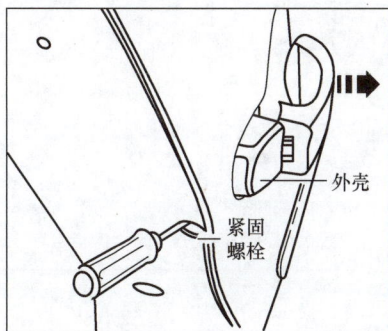

图 3-12　拆下外壳

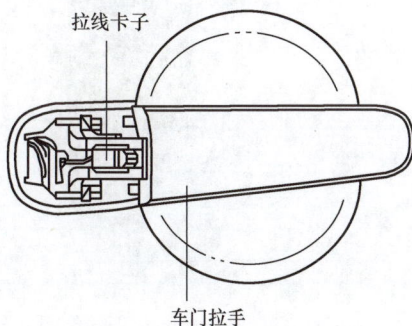

图 3-13　拆下拉线

③ 沿箭头 b 方向转动车门拉手。沿箭头 a 方向将车门拉手稍微向前移动并从支撑架的定位件上拉出。继续沿箭头 b 方向转动车门拉手，沿箭头 c 方向从支撑架上取下车门拉手，如图 3-14 所示。

④ 拆下车门锁。将车窗玻璃升到上止点位置。拔下连接插头 2，脱开锁杆连接 3，旋出固定螺栓 1，取出车门锁 4，如图 3-15 所示。

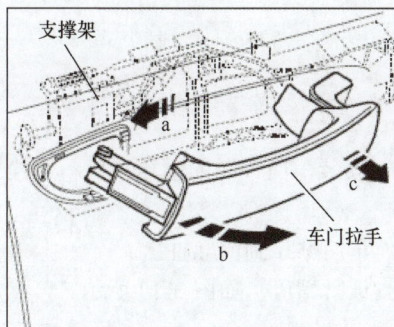

图 3-14　拆下车门拉手

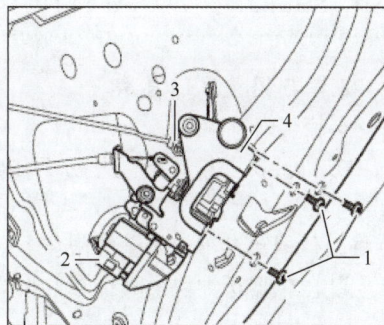

图 3-15　拆下车门锁

1—固定螺栓；2—连接插头；3—锁杆连接；4—车门锁

（4）拆卸车门壳

拆卸车门壳需要两位维修技师配合完成，技师甲负责操作，技师乙负责辅助。车门总成的连接情况如图 3-16 所示。

① 拆卸 A 柱下部饰板。

② 脱开 A 柱上的线束插头 4，将线束护套 3 从 A 柱上脱开，将导线通过箭头所示的孔从 A 柱上拉出。

③ 拆下车门限位器螺栓 2，取下限位器。

④ 由技师乙扶住车门，拆下车门铰链螺栓 1，将车门向上提起，取下车门，按 6S 规范放置一旁。

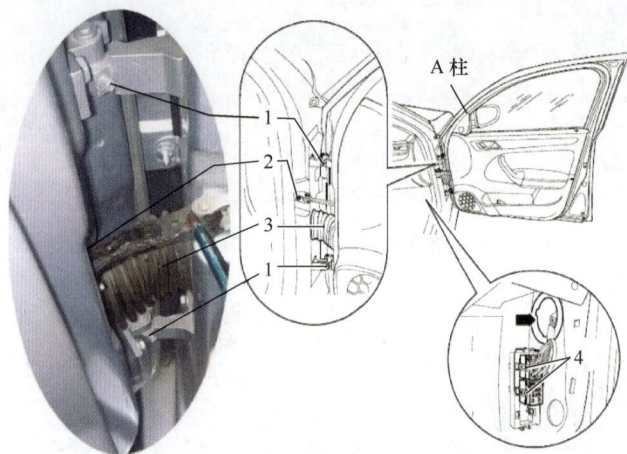

图 3-16　车门总成的连接情况

1—车门铰链螺栓；2—车门限位器螺栓；3—线束护套；4—线束插头

2．安装与调整车门总成

（1）安装车门

　　① 由技师乙协助举起车门并初步对准铰链位置，安装车门铰链的螺栓（换新螺栓），并初步拧紧。

　　② 将限位器穿过车门侧壁的限位器孔，并尽量使车门贴靠到门立柱上。

　　③ 安装限位器缓冲块及其护罩，按规定力矩拧紧锁紧螺母，如图 3-17 所示。

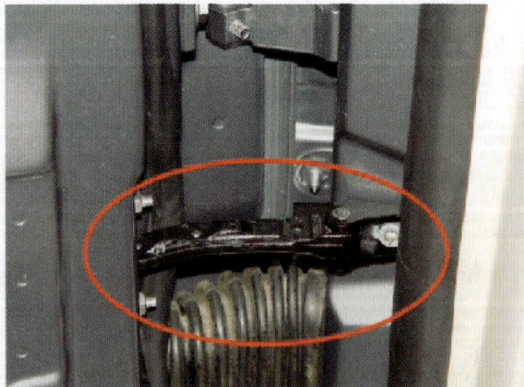

图 3-17　安装好车门限位器

（2）安装车门锁

按照与拆卸相反的顺序安装车门锁。安装时一定要在车门打开的状态下进行功能检查，因为在拉线调整和卡止不正确时，车门可能无法打开。

提示

拆卸后车门锁时，要避免损坏儿童锁开关。

（3）安装车窗玻璃升降器

按与拆卸相反的顺序进行车窗玻璃升降器的安装，注意以下几点。

① 不要使玻璃受到损伤。

② 玻璃要对准玻璃导槽。

③ 安装后门三角玻璃时要避免三角玻璃损伤，安装玻璃导槽时要避免后门框损伤。

④ 当玻璃升降器安装完成后，应检查玻璃的升降位置，如果不符合要求，则应进行必要的调整。

（4）调整车门间隙

检查车门间隙和开关有无异响。调整车门时要牢记，车门必须与门框正确配合，大部分车型都有进行车门调整的部位，可保证车门与车身门框能正确配合。通常轿车车门间隙要求为 a=4～5mm，b=4.5～5.5mm，c=3.5～4.5mm，如图 3-18 所示。

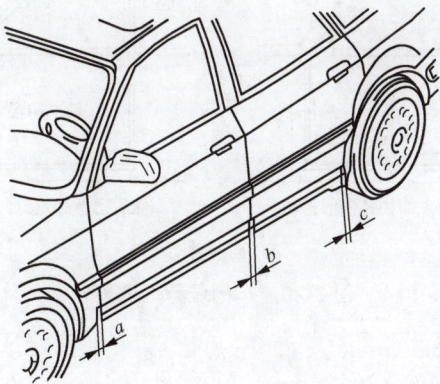

图 3-18　车门间隙的要求

车门间隙的调整通常从后门开始，因为后翼子板是固定的，故必须调整后门与这些固定部件之间的间隙和配合。后门调好后，再调整前门使之与后门相匹配，然后调整前防护板使之和前门相配合。车门通过铰链装在车身上，通常可以进行前后和上下的调整以及向内和向外的微量调整，如图 3-19 所示。

一个铰链的前后位置应一次调好，如果车门铰链的插销已磨损，必须进行更换。有些车型上的铰链在铰链销外还有衬套，当衬套磨损后可以更换，使衬套与铰链的配合恢复正常，也就在一定程度上重新调整了车门位置。通常情况下，采用"先上后下"的原则来调整前门位置，即首先调整上部铰链，然后调整下部铰链，如图 3-20 所示。调整好之后按规定力矩拧紧固定螺栓。

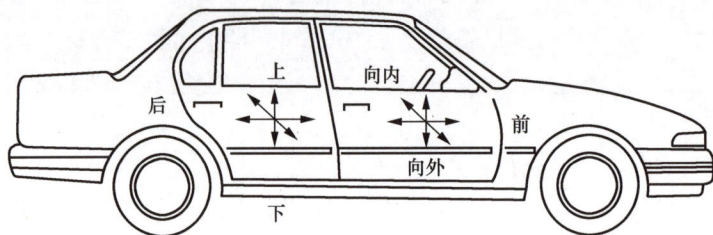

图 3-19　车门的调整

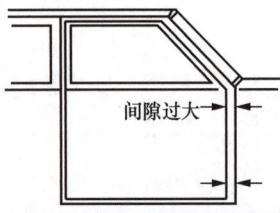

（a）间隙过大调整

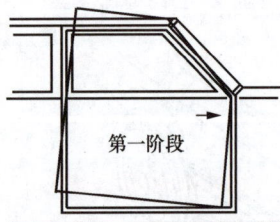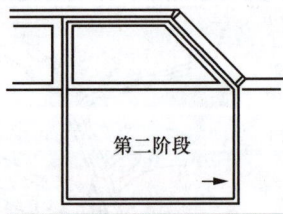

（b）向前移动车门

图 3-20　车门位置的调整

提示

① 车门的调整需要耐心，要保证车身侧腰线在同一高度，各间隙符合维修要求，还要保证车门开合正常，密封正常，所以车门调整也是钣金技师的基本技能。

② 调整车门时先调整上下方向，再调整内外方向，最后调整前后方向。

③ 前、后门都要进行间隙调整，可以先调整出大体位置，再精细调整。

（5）安装车门内饰板

安装车门内饰板按与拆卸相反的顺序进行，注意各螺栓（螺钉）的紧固力矩要求，并根据需要更换损坏的固定卡夹。

后门的拆装方式与前门相似，可参考前门，这里不再赘述。

三、前翼子板、前照灯与发动机盖的拆装及调整

轿车的前翼子板、前照灯与发动机盖基本是相互独立的，因为它们发生碰撞的机会比较多，独立装配的零件容易进行整件更换，只要分别拆下和装上紧固螺栓即可。但是它们又是相互联系的，任何部分的更换都会影响彼此之间的装配间隙，且对车头的美观性有很大影响，因此在拆卸和安装时，必须根据实际情况进行必要的调整。

1. 前翼子板的拆装

（1）拆下前保险杠

保险杠紧固螺栓的一般位置如图 3-21 所示（大众宝来轿车），有的螺栓隐藏在车门及翼子板后面或下部，有些车型的螺栓会被防腐胶所覆盖，所以拆卸螺栓前要处理掉防腐胶。拆卸紧固螺栓的注意事项如下。

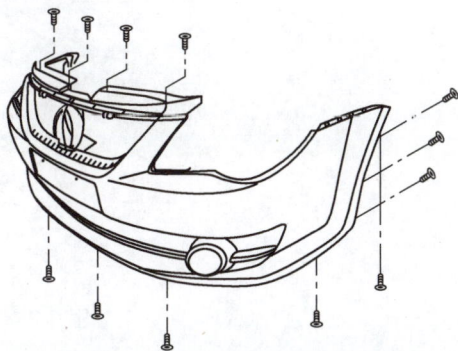

图 3-21　保险杠紧固螺栓的位置

① 按照先顶部、后两侧、最后底部的顺序拆卸螺栓。

② 拆卸两侧紧固螺栓时，需要将转向轮偏移到一侧极限位置，以方便拆卸。

③ 最后拆卸两侧卡扣（见图 3-22），取下保险杠。

（2）拆下车轮罩衬板

车轮罩衬板紧固螺栓的一般位置如图 3-23 所示。

图 3-22　保险杠卡扣的位置

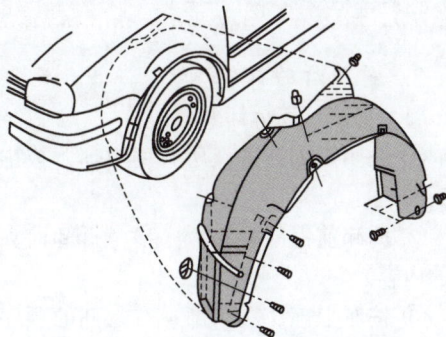

图 3-23　车轮罩衬板紧固螺栓位置

（3）拆下前翼子板的螺栓

前翼子板紧固螺栓的一般位置如图 3-24 所示。

（4）将前翼子板从车身上移开

拆卸所有螺栓后，小心拿下前翼子板，并按 6S 规范放置一旁。

按拆卸的相反顺序进行安装即可，随后调整前翼子板与车门间隙、前翼子板与发动机盖

的间隙。调整完毕后，检查螺栓的拧紧力矩。

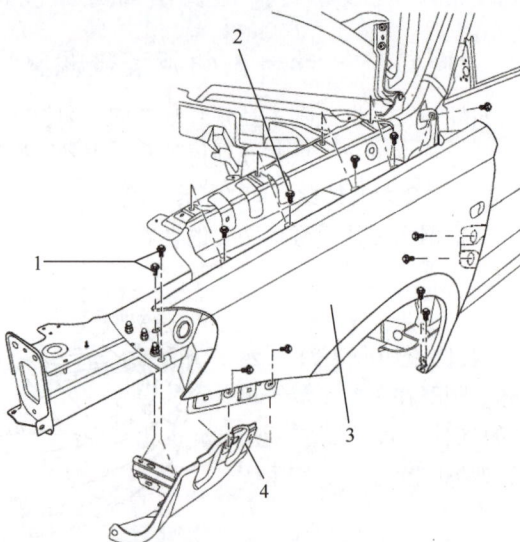

图 3-24　前翼子板螺栓位置

1、2—螺栓；3—前翼子板；4—前翼子板支撑件

提示

　　要先调整前翼子板与前门的间隙，后调整前翼子板与发动机盖的间隙，最后调整前翼子板与大灯及前保险杠的间隙。

2. 前照灯的拆装

（1）前照灯的拆卸

① 关闭点火开关及所有用电器，拔出点火钥匙。

② 拆卸前保险杠盖板（参考拆卸前翼子板的内容）。

③ 按左上部、左下部、右上部的顺序将前照灯上的紧固螺栓拆除。

④ 将前照灯总成抽出 50 ～ 80mm，不要完全抽出，如图 3-25 所示。

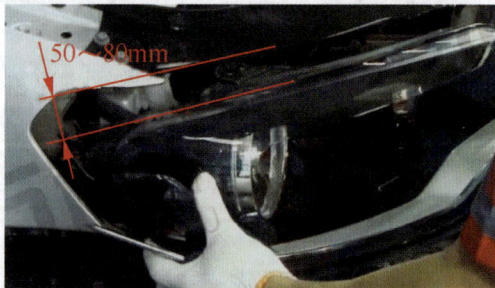

图 3-25　抽出前照灯

⑤ 松开多芯连接插头，并将其拔下，如图 3-26 所示。最后取下前照灯总成，并按 6S 规范放置一旁。

10针插头（位于车身）

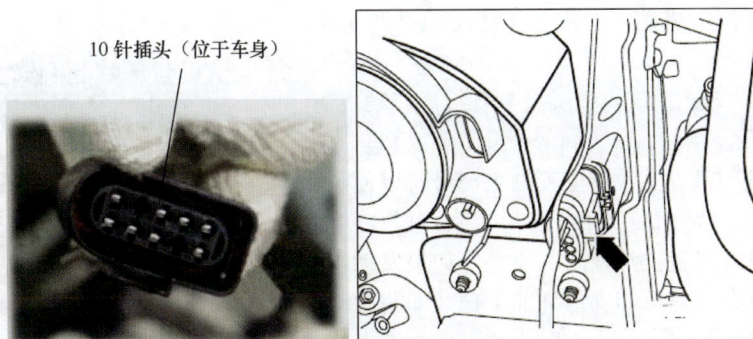

图 3-26　拔下多芯连接插头

（2）前照灯的安装

按与拆卸相反的顺序安装前照灯，安装过程中要注意以下几点。

① 以规定的拧紧力矩拧紧前照灯上的紧固螺栓。

② 检查前照灯与车身上安装位置的间隙尺寸是否均匀。如果前照灯与车身间的间隙尺寸不均匀，就必须校正安装位置。

③ 检查前照灯的功能。

提示

一些高档车拆装大灯后要用专业诊断仪删除大灯故障码，并调节大灯灯光照射位置。

3. 发动机盖的拆卸

发动机盖如图 3-27 所示。

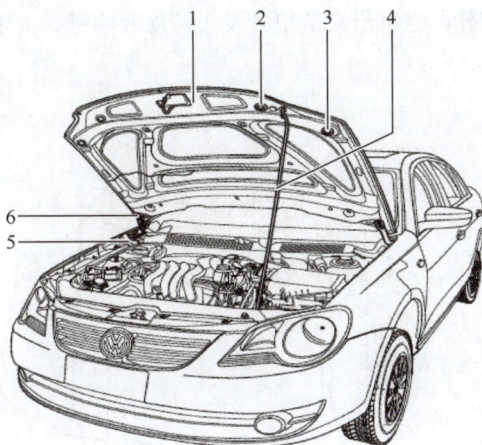

图 3-27　发动机盖

1—发动机盖；2—调整缓冲块；3—止挡缓冲件；4—支撑杆；5—导向件；6—发动机盖铰链

（1）打开发动机盖，并用防护垫覆盖于车身上，以防损伤漆面。

（2）将挡风玻璃清洗器喷嘴及软管拆离发动机盖，如图3-28所示。

（3）在发动机盖上铰链位置画上记号，以便于以后安装。

（4）将发动机盖支撑杆放回原处，如果发动机盖有气动支撑杆，则只拆卸支撑杆的上部（即与发动机盖相连接部位）。

图3-28　拆卸玻璃清洗器喷嘴及软管

（5）在技师乙的帮助下，将发动机盖与铰链的紧固螺栓拆下，并防止螺栓拆除后发动机盖滑落，如图3-29所示。

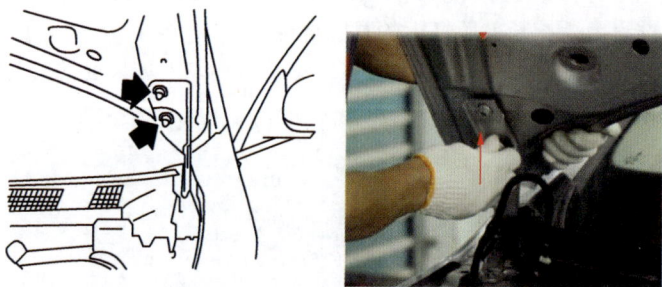

图3-29　拆下紧固螺栓

（6）小心向上托起发动机盖，抬离发动机舱。

4. 发动机盖的安装与调整

发动机盖的安装应依照拆卸的相反顺序进行。发动机盖与铰链的紧固螺栓拧紧前，将发动机盖进行前后、左右调整，也可借铰链垫片及缓冲橡胶座进行上下调整，使其缝隙配合均匀，如图3-30所示。

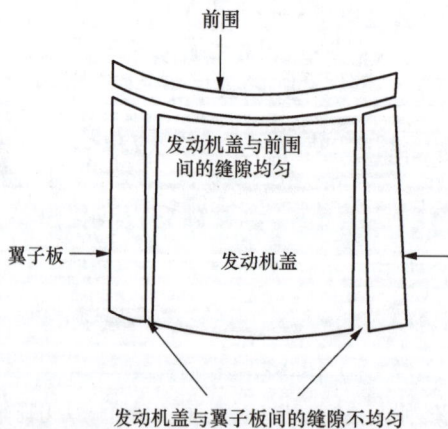

图3-30　发动机盖的间隙调整

在调整发动机盖的高低位置时，先稍稍松开铰链与车身壳体的螺栓，然后慢慢盖上发动机盖。根据情况将它的后部抬起或压下，当它的后部与相邻的翼子板和前围高度一致时，慢慢掀开，将螺栓拧紧。

大多数轿车发动机盖前部高度的调整是通过调整发动机盖锁来实现的，如图 3-31 所示。发动机盖锁调整之前，须将发动机盖校正妥当。然后松开盖锁紧固螺栓，将锁体前后、左右移动，使之与锁座对准，发动机盖的前端也可通过锁体安装螺栓高度调控。

提示

① 应先调整发动机盖的前后方向的间隙，再调整左右方向的，最后调整高度方向的。

② 完成发动机盖的间隙调整后再安装发动机盖锁。

发动机盖前后高度调整合适后，必须再对可调橡胶块（机盖减振座）做一次检查（见图 3-31（b））。有些车上只有 2 个橡胶块，2 个前角处各有一个，而有些车上则 4 个角都有。橡胶块必须调整到能撑住发动机盖的位置，以免发动机盖产生移动和颤动。前部橡胶块主要用来控制发动机盖前面两个角的高度，应将它调整到发动机盖前部与翼子板高度一致的位置上。调整完毕后一定要将橡胶块上的防松螺母拧紧。

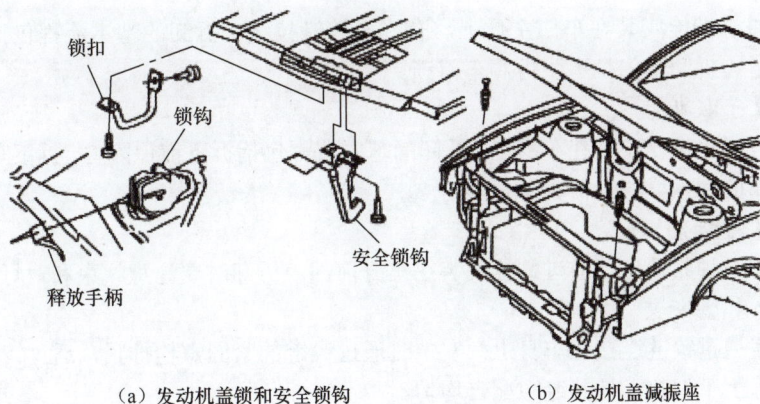

锁扣

锁钩

安全锁钩

释放手柄

（a）发动机盖锁和安全锁钩 　　（b）发动机盖减振座

图 3-31 发动机盖锁止装置

□ **知识拓展** □

（1）现在很多高档轿车车门锁带有自吸功能，车门只要关闭到一定程度就可自动关闭。

（2）汽车发动机盖锁都有安全锁钩，防止汽车高速行驶时发动机盖锁突然损坏造成事故。

（3）汽车发动机盖锁一般都由拉线控制，当拉线断裂时，发动机盖锁很难打开。

□ **任务总结** □

微课

车身覆盖件拆装
工艺

车身覆盖件拆装工艺

1. 车门总成拆装

车门总成通过铰链和限位器连接在车身上，拆装与调整基本按照拆卸车门内饰板、拆卸车门、安装车门、调整车门间隙和安装车门内饰板的步骤进行。

2. 车窗玻璃拆装

车窗玻璃通过玻璃升降器在车门总成内完成升降动作，并依靠玻璃导轨限制移动方向。拆卸的基本流程包括拆卸车门内饰板、拆卸车窗玻璃、取出车窗玻璃升降器等。

3. 车门锁拆装

车门锁通过螺栓安装在车门主体上，有许多控制拉线。拆卸的基本流程包括拆卸外壳、拆卸拉线卡子、拆卸车门拉手、拆卸车门锁。

4. 前翼子板拆装

前翼子板通过螺栓安装在车身上，拆卸的基本流程包括拆下前保险杠、拆下车轮罩衬板、拆下前翼子板的螺栓、移开前翼子板等。

5. 前照灯拆装

前照灯是一种易损件，通过螺栓安装在车身前部，拆卸时要注意线束和对灯具的保护。

6. 发动机盖拆装

发动机盖通过铰链连接在车身上，安装时通过铰链的紧固螺栓拧紧，通过铰链垫片及缓冲橡胶座进行上下调整，使其缝隙配合均匀。

7. 综述

车身板件损伤后，维修技师应能根据损伤的程度和类型来判断是选择更换新板件，还是修复旧板件，但无论是更换还是修复，都需要进行板件的拆装。因此，车身板件拆装工艺是钣金维修技师的重要技能之一，是进行车身后续维修的基本前提。另外，由于涉及车身的电气设备，板件拆装的复杂性有一定的增加，这又对维修技师的综合技术水平提出了更高的要求。

□ **问题思考** □

（1）车身覆盖件都包括哪些部件？它们是如何与车身连接的？

（2）简述车门总成的拆装工艺流程及注意事项。

（3）简述车窗玻璃升降器的拆装工艺流程及注意事项。

（4）简述车门锁的拆装工艺流程及注意事项。

（5）如何调整车门的装配间隙？

（6）简述前翼子板和前照灯的拆装工艺流程及注意事项。

（7）如何调整发动机盖的装配间隙？

学习任务二 车身附件拆装工艺

□ 学习目标 □

（1）能够正确进行汽车座椅的拆装与调整。

（2）能够正确进行转向盘的拆装与调整。

（3）能够正确进行常见车内饰件的拆装。

（4）培养良好的职业道德素质，具备严谨的工程技术思维习惯和精益求精的大国工匠精神。

□ 相关知识 □

车身附件包括功能件和装饰件，顾名思义，功能件是车身中具有独立功能的部件，如各种锁机构、座椅、安全带、内后视镜、外后视镜、刮水器等。装饰件主要起美化装饰汽车的作用，根据在汽车上的位置分为内饰件和外饰件。内饰件主要有显示汽车使用中各种数据的仪表板、顶棚、地毯以及车内各种护板等；外饰件主要有保险杠、前隔栅、外部装饰条、防擦条、导流板、遮阳板、商标等。在拆装这些装饰件时应该用专用工具小心操作，以免损坏装饰件或者其连接件。

一、座椅的拆装

座椅是车内最重要的功能件，其在受损后需要维护或更换。另外，在进行车身密封及降噪工艺施工时，都需要拆装座椅，因此掌握座椅的拆装技能是非常必要的。下面以大众新宝来轿车为例，描述汽车座椅的拆卸和安装方法。其中前排座椅只介绍了驾驶员座椅的拆卸和安装方法，副驾驶座椅的拆卸和安装方法理论上与此相同。

1. 前排座椅的拆装

（1）拆卸连接件（见图3-32）

① 向前推座椅，撬出装饰条3上的盖帽1，拧下螺栓2，按箭头A的方向松开导轨上的装饰条，按箭头B的方向将其拉下。用同样的方法拆除另一侧。

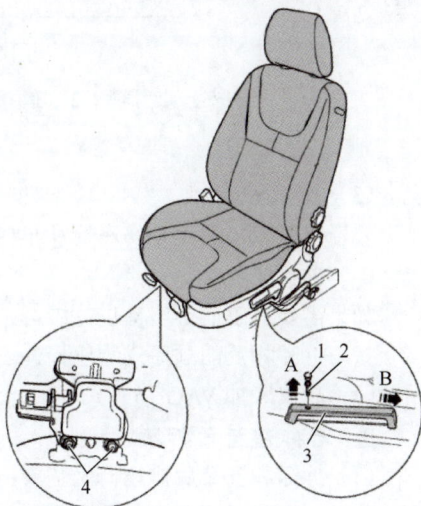

图3-32 拆卸连接件

1—盖帽；2—螺栓；3—装饰条；4—螺母

② 向后推座椅，拧下螺母 4，将座椅向后从导轨上推出。

（2）分离座椅线束（见图 3-33）

① 分离侧面安全气囊插头 1。

② 分离座椅加热插头 2。

③ 分离安全带锁报警插头 3。

④ 将安全气囊接线（VAS 5094）插到插头壳体 4 内。

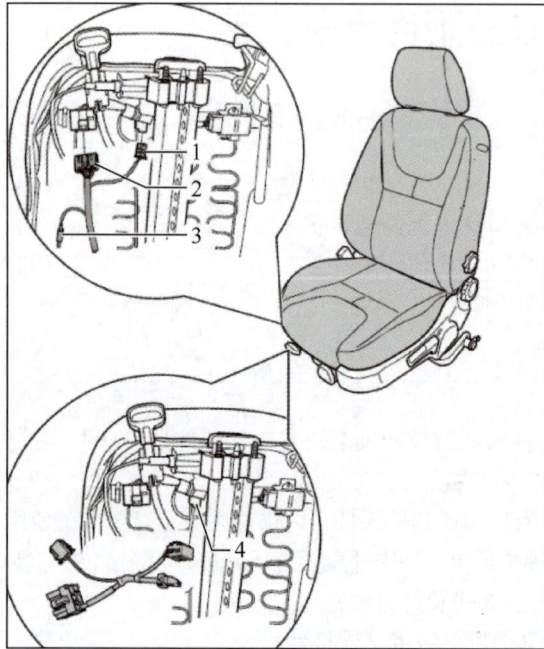

图 3-33　分离座椅线束

1—安全气囊插头；2—座椅加热插头；3—安全带锁报警插头；4—插头壳体

（3）取下座椅

要轻拿轻放，避免划伤座椅和车内其他饰面。

（4）拆解座椅

如果需要拆解前排座椅进行维修，可参考图 3-34 进行。

按与拆卸相反的顺序安装座椅。安装后，若安全气囊故障报警灯显示有故障，那么必须用故障诊断仪（如 VAG 1551）查询并清除故障码。

2. 后排座椅的拆装

（1）拆卸和安装后排座椅坐垫（见图 3-35）

① 向上抬并向前翻转座椅坐垫。

② 从支座上压出拉杆，取下坐垫。

安装时，将拉杆装入支座，向后折叠座椅坐垫并向下压回原位。

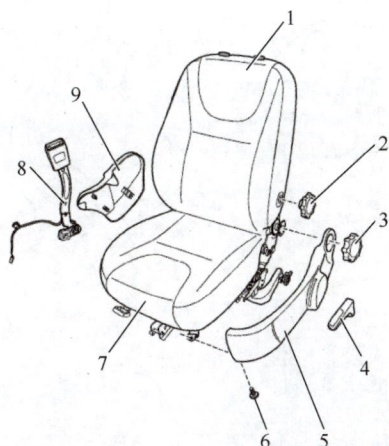

图 3-34　前排座椅的装配情况

1—靠背；2—腰部调整手轮；3—靠背调整手轮；4—座椅高度调整杆护套；5—座椅左侧装饰板；

6—左侧装饰板螺栓；7—坐垫；8—安全带锁；9—座椅右侧装饰板

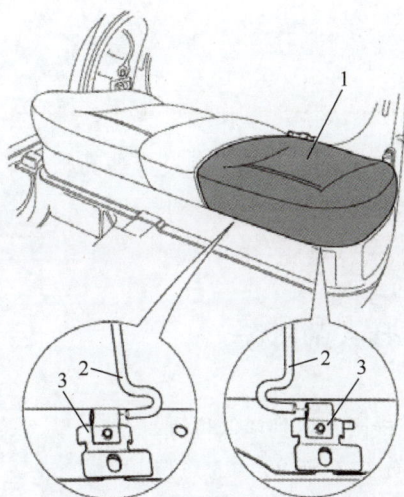

图 3-35　后排座椅坐垫的拆装

1—坐垫；2—拉杆；3—支座

（2）拆卸和安装后排座椅靠背（见图 3-36）

① 将安全带移至一边。

② 向上提靠背分离拉索 5，向前折叠靠背 1。

③ 如图 3-36 所示的箭头 A，用螺丝刀 3 向后压定位钩 2，并向上抬起。

④ 如图 3-36 所示的箭头 B，稍微向外侧拉靠背 1，将靠背 1 从定位件 4 上取下。

安装时，将靠背 1 装到定位件 4 上，并向下压，其他安装工作以拆卸倒序进行。

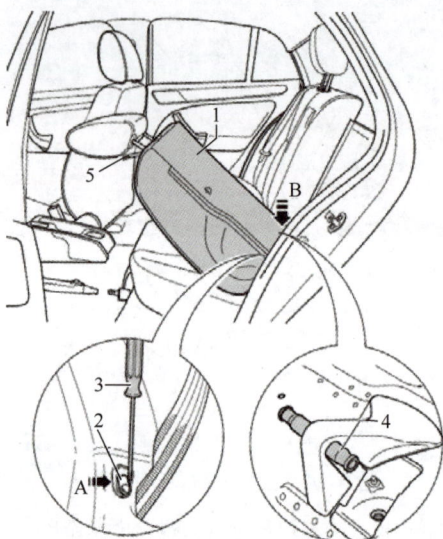

图 3-36　后排座椅靠背的拆装

1—靠背；2—定位钩；3—螺丝刀；4—定位件；5—分离拉索

一般后排座椅都是整体连接到一起的，但是有些高档轿车后排座椅是分开的，左右各一个。在拆卸之前一定要先看清楚。

二、转向盘与组合开关的拆装

1．拆卸气囊

（1）调整转向盘，拉出至极限并压到最低位置。

（2）发动车辆，转向盘先往左转90°（3 点位置朝上，先往右也可），熄火并拔掉钥匙。用平口螺丝刀松开转向盘右侧安全气囊单元锁止件，如图 3-37 所示，然后用手拉气囊使锁止件彻底脱开；用同样的方法拆开转向盘另一侧的锁止件。

（3）轻轻拉出气囊，拔掉气囊线，彻底取下气囊，如图 3-38 所示。

2．拆卸转向盘

拧掉转向盘中间的固定螺栓就可以拆下转向盘。如果不更换转向盘，螺栓拧紧度是不用做记号的，原厂有记号（绿色线）。转向盘定位也不用做

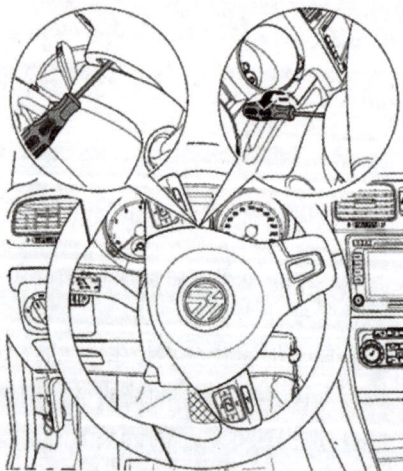

图 3-37　拆开锁止件

记号，刻度对准标记点即可，如图 3-39 所示。

图 3-38 取下气囊

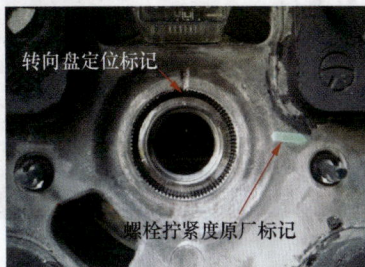

图 3-39 转向盘的定位

3. 拆卸组合开关总成

（1）拆卸转向柱装饰板。用拆卸楔松开空隙盖板 1，旋出螺钉 2，取下转向柱上部装饰板 3，旋出螺栓 4 和 5，使转向柱下部装饰板 6 与转向柱调整杆脱离开，如图 3-40 所示。

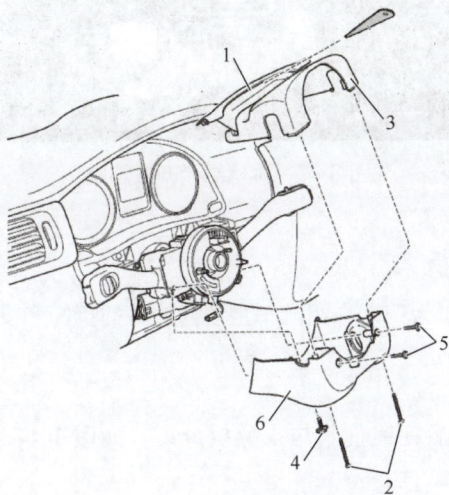

图 3-40 拆卸转向柱装饰板

1—空隙盖板；2—螺钉；3—上部装饰板；4、5—螺栓；6—下部装饰板

（2）断开图 3-41 中的 3 根连接线。

（3）拆除整个转向开关总成唯一的一颗固定螺钉，如图 3-42 所示。

（4）两手握住手柄，往外轻轻一拉，整个组合开关总成即可拔出，如图 3-43 所示。

按照与拆卸相反的顺序安装转向盘与组合开关，但要注意安装刻度对准标记点套入，然后拧紧固定螺钉。建议装好后先试开一下，观察正不正，若不正，则需调整，调好后再装气囊。

图 3-41　需断开的连接线

图 3-42　拆除固定螺钉

图 3-43　拆除组合开关总成

三、车内饰件的拆装

下面以大众新宝来轿车为例，介绍汽车主要内饰件的拆卸和安装方法。

1. 内后视镜的拆装

（1）拆下内后视镜

按逆时针方向旋转内后视镜使其与定位板分离，如图 3-44 所示内后视镜基座有夹紧卡簧。

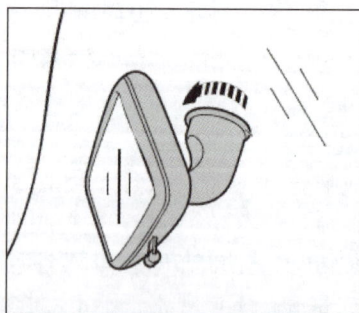

图 3-44　拆下内后视镜

① 尽量用手将内后视镜拧下，如果用手拧不动，可使用钳子衬着抹布拧下。

② 很多高配车内后视镜带有雨量传感器及防炫目功能等，拆装时注意线路的连接。

（2）更换后视镜定位板（如有需要）

① 从镜座上拆下定位板。

② 用钢丝刷刷掉定位板上的残余胶。

③ 磨掉粘接表面上的 3 个定位点，用 400# 砂纸放平磨即可，打磨完的表面应干净且无油脂。

④ 用玻璃刮刀刮掉挡风玻璃上的 PUR 胶和底剂，露出陶瓷层。

⑤ 在镜座上均匀涂上足量的胶，将尼龙网放到镜座上，在尼龙网上再涂一些胶。

⑥ 尼龙网涂胶 30s 后，才可将其按压到挡风玻璃上。

⑦ 适当用力将镜座按压在挡风玻璃上，并保持 15s。

⑧ 用抹布擦去多余的胶，15min 后才可安装内后视镜。

（3）安装内后视镜

安装时，按顺时针方向将内后视镜相对于定位板旋转 60°～90°，直至夹紧卡簧入位。

2. 仪表板的拆装

静电可能导致安全气囊意外触发，因此，维修技师必须在分离插头连接之前进行静电放电，可通过接触车身或者车门锁芯来放电。

（1）断开车辆蓄电池。

（2）拆下转向盘和组合开关。参考本任务中"二、转向盘与组合开关的拆装"的内容进行。

（3）拆卸左、右侧仪表板侧面护板。将左侧仪表板护板用拆卸楔从卡子上撬出，如图 3-45 所示，用同样的方法拆下右侧仪表板侧面护板。

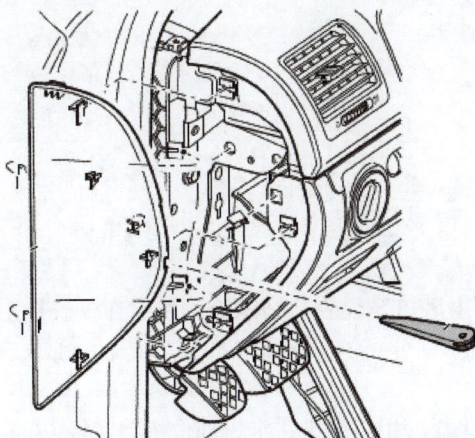

图 3-45　拆卸左侧仪表板侧面护板

（4）拆卸 A 柱上部装饰板。从 A 柱上剥开车门内部密封件，用拆卸楔从上面开始撬开 A 柱装饰板，并松开固定卡夹，然后将其取下，如图 3-46 所示。

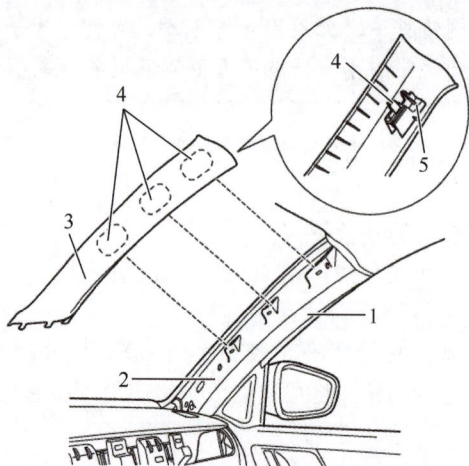

图 3-46　拆卸左、右侧 A 柱上部装饰板

1—车门内部密封件；2—A柱；3—装饰板；4—卡夹；5—定位件

（5）拆下仪表板中部盖板。将盖板用拆卸楔从定位件中撬出，如图 3-47 所示。

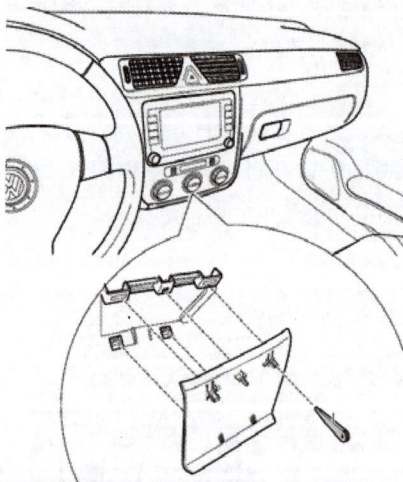

图 3-47　拆下仪表板中部盖板

（6）拆卸仪表板中部出风口及仪表装饰隔板。将中部仪表板出风口及仪表装饰隔板用拆卸楔撬出，如图 3-48 所示。分离闪烁报警灯插头，取下中部仪表板出风口及仪表板装饰隔板。

（7）拆下仪表板中间隔板。用拆卸楔在卡子部位撬动，将中间隔板从仪表板上的定位件中撬出，如图 3-49 所示。

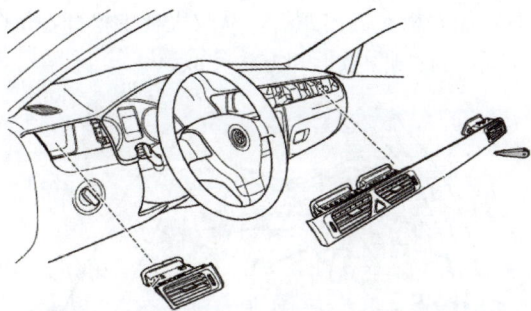

图 3-48　拆卸仪表板中部出风口及仪表装饰隔板

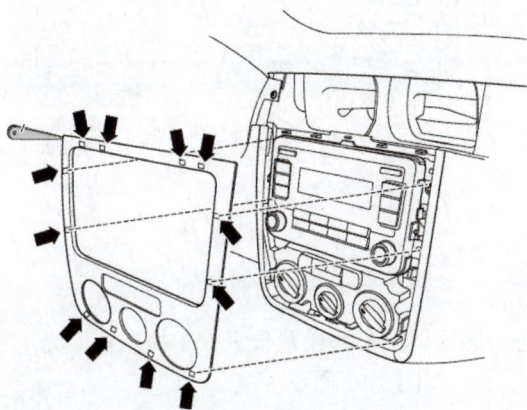

图 3-49　拆下仪表板中间隔板

（8）拆下手套箱。旋出螺钉，向外拉出手套箱，如图 3-50 所示。对于装备手套箱冷却装置的车辆，从手套箱上分离空调冷凝管。

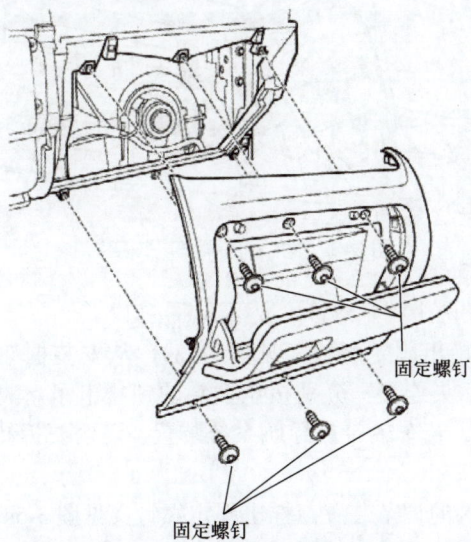

固定螺钉

固定螺钉

图 3-50　拆下手套箱

（9）拆下驾驶员左、右侧隔板。旋出螺钉，从仪表板上松开左侧隔板并分离前照灯开关的线束连接，如图 3-51 所示。右侧隔板拆卸方法类似。

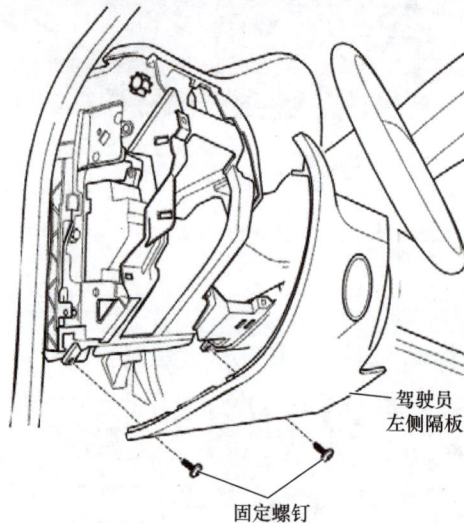

图 3-51　拆下驾驶员左侧隔板

（10）拆下日照光电传感器。用拆卸楔从仪表板中撬出日照光电传感器，分离日照光电传感器的插头，并将其取下，如图 3-52 所示。

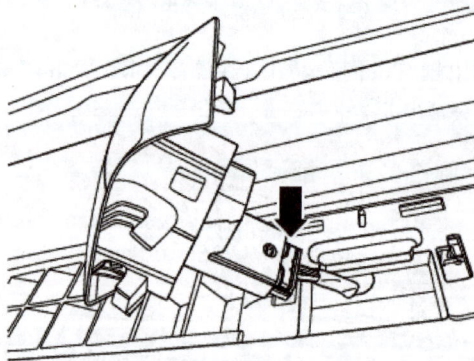

图 3-52　拆下日照光电传感器

（11）拆下诊断接口的两个固定螺钉，取下诊断接口。

（12）拆卸收音机。旋出固定螺栓（见图 3-53），从安装框架内拉出收音机，直到能够接触到收音机背面的插头连接。分别按压插头的锁止卡子，拔下收音机上的插头连接和 USB 电缆的插头连接。若车辆带有导航系统装置，还需要拆卸导航系统的显示和控制单元。

（13）拆卸暖风和空调的调节装置。拧出固定螺钉（见图 3-54），并将调节装置从仪表板拉出，转到控制装置背面，松开插头锁紧装置并取出插头。

（14）拆卸组合仪表。将转向柱调整至最下位置，将其锁定。拧出仪表板的固定螺栓（见图 3-55），拉出仪表板，同时拔下背面连接插头。

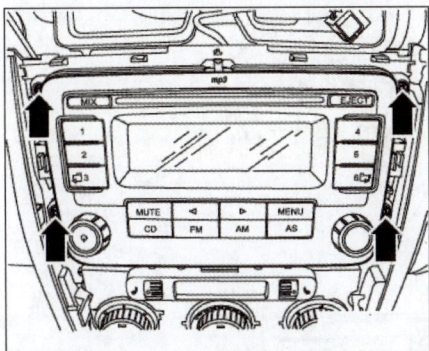

图 3-53　收音机固定螺栓位置

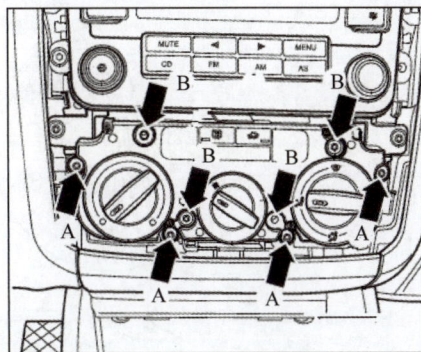

图 3-54　暖风和空调的调节装置固定螺栓位置

（15）拧出熔断丝架。旋出固定螺栓（见图 3-56），但不要拆下熔断丝架，将其留在车上。

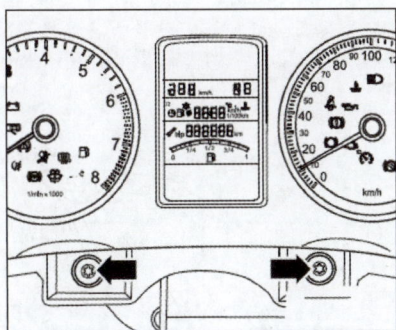

图 3-55　组合仪表固定螺栓位置

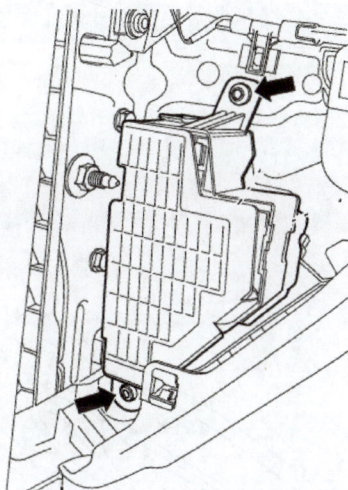

图 3-56　熔断丝架螺栓位置

（16）取下仪表板。拆卸左侧螺栓、右侧螺栓及中部螺栓，拔下插头，拆下螺栓，取下仪表板，如图 3-57 所示。

仪表板的安装以拆卸相反的顺序进行。安装仪表板时要注意仪表板必须在定位件中配合紧密，如图 3-58 所示。

3. 地毯（车辆原装地垫）的拆装

（1）拆除车内前排座椅和后排座椅坐垫。操作可参照本任务中"一、座椅的拆装"的内容进行。

（2）拆除仪表台及中控台，可参照前面的步骤进行。

（3）拆除 B 柱内饰板，用撬板先将 B 柱上部内饰板拆掉，然后拆掉 B 柱下部内饰板，如图 3-59 所示。

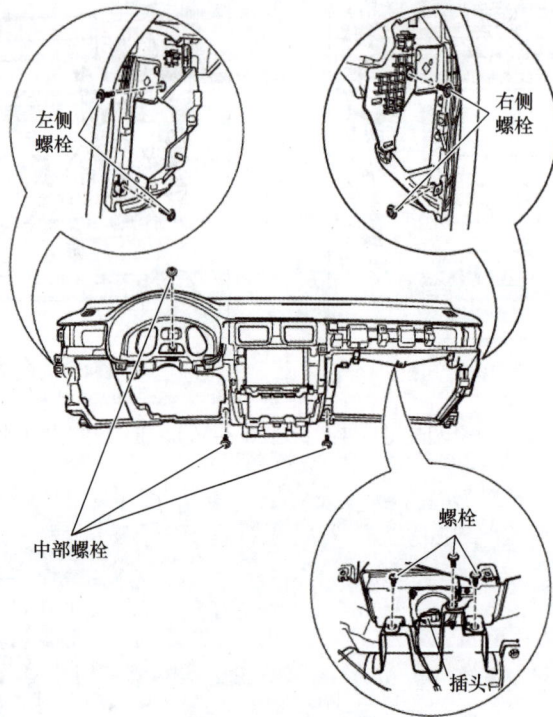

图 3-57　取下仪表板

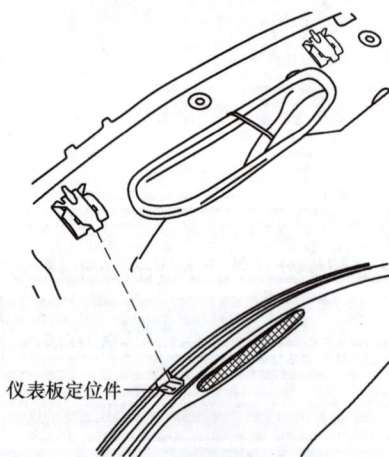

图 3-58　紧密配合定位件

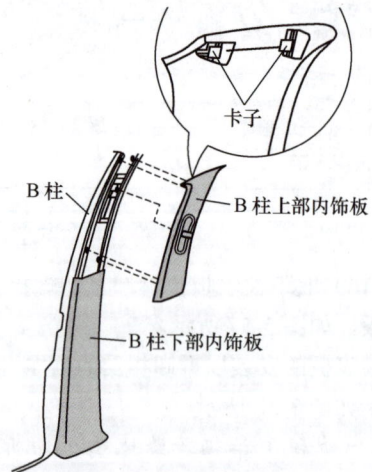

图 3-59　拆卸 B 柱内饰板

（4）用同样的方法拆除 A 柱、C 柱内饰板，图 3-60 所示为拆卸 A 柱下部内饰板的示意图。

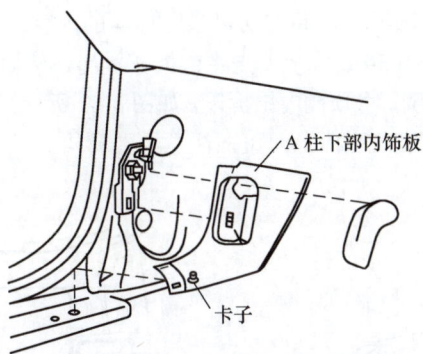

图 3-60　拆卸 A 柱下部内饰板

（5）找一名助手，双人配合，将地毯取出。

车内饰件的安装以拆卸相反的顺序进行，注意地毯应铺放到位，各卡扣安装到位。

四、天窗的拆装

汽车天窗主要分为可开启式和不可开启式，可开启式又可分为内滑式和外滑式。下面以宝来轿车为例讲解天窗的拆装。

提示

天窗装置是利用流体力学的原理，将车内的混浊气体"抽"出，使空气得到充分的交换。

（1）用撬板拆卸 A 柱内饰板。拆卸方法见本任务前面的相关内容。

（2）拆卸遮阳板，拆卸方法如图 3-61 所示。先将装饰盖 3 和 4 取下，再用螺丝刀将螺钉 1 和 2 拧下。

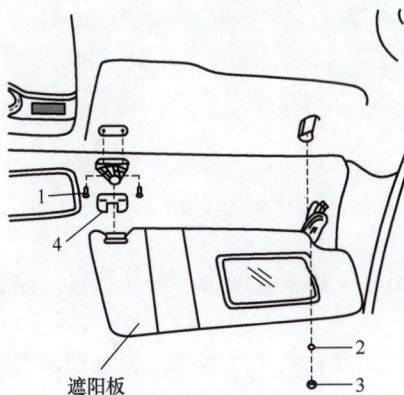

图 3-61　拆卸遮阳板

1、2—螺钉；3、4—装饰盖

（3）拆卸 B 柱、C 柱内饰板，拆卸方法可参照前面的内容。

（4）拆卸顶棚把手，如图 3-62 所示。先将饰板 2 撬起，然后把螺钉 3 拧下。

（5）将前排座椅靠背放倒，将顶棚内饰拆下，如图 3-63 所示。注意图 3-63 中卡扣的位置。顶棚内饰拆下后不要取出，放在座椅上即可，注意不要弯折。

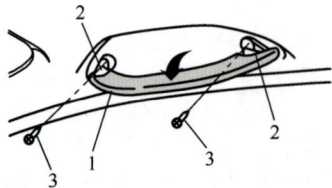

图 3-62　拆卸顶棚把手

1—顶棚把手；2—饰板；3—螺钉

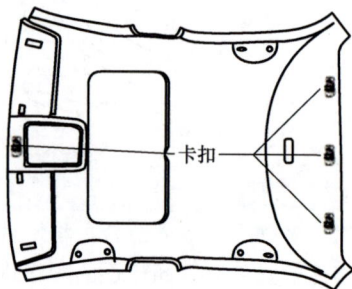

图 3-63　顶棚内饰

（6）拔掉天窗电机线束、天窗排水管。天窗排水管在天窗框架 4 个角各一根，如图 3-64 所示，黑色箭头表示天窗排水管位置。

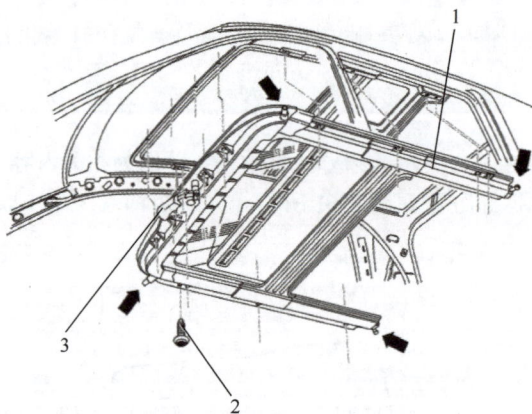

图 3-64　天窗排水管位置

1—天窗框架；2—固定螺钉；3—天窗电机

（7）拆下天窗总成，取出时要找多人配合，一起抬出，注意不要伤到车辆内饰及天窗总成。

汽车天窗总成较为复杂，主要有天窗玻璃、天窗框架、天窗电机及天窗装饰条等，如图 3-65 所示。

天窗框架或轨道损坏后一般不单独更换，需更换天窗总成。天窗总成的安装以拆卸的相反顺序进行。安装时要注意以下事项。

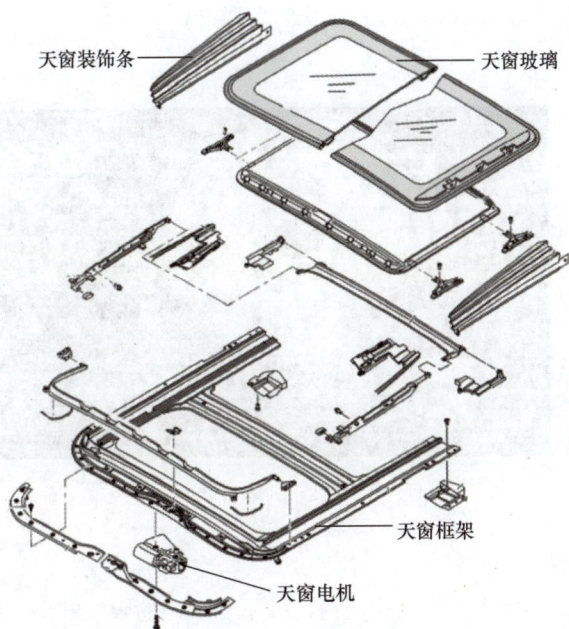

图 3-65　天窗总成

① 天窗排水管要安装到位，如果排水管有堵塞要及时清理疏通。

② 安装顶棚内饰时注意不要弯折。安装车内饰件时要戴干净的手套。

③ 安装要注意天窗玻璃的最后调平，天窗玻璃要与车大顶平齐。如图 3-66 所示，先拆下装饰条 1，拧松螺钉 2，调整天窗玻璃后拧紧螺钉 2，安装好装饰条 1。

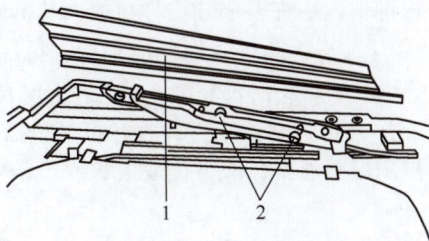

图 3-66　天窗玻璃调整

1—装饰条；2—调节螺钉

④ 天窗安装完毕后测试天窗开闭是否正常、内饰是否干净。

◻ 知识拓展 ◻

（1）天窗排水管的作用很大，大多数车辆漏水都是因为天窗排水管堵塞造成的。

（2）本任务虽然介绍的是宝来轿车的拆装，但其他车型内饰的拆装基本相同，读者可参考各车型技术维修手册详细了解。

□ 任务总结 □

车身附件拆装工艺

1. 前排座椅拆装

向前推座椅，拆卸装饰条；向后推座椅，拧下导轨上的限位螺母，将座椅向后从导轨上推出。

2. 后排座椅拆装

后排座椅依靠定位钩固定，拆装时注意定位钩的位置和方向。

3. 转向盘拆装

拆卸转向盘的基本流程包括拆卸气囊、拆卸转向盘、拆卸组合开关总成等。安装时要注意转向盘的定位记号。

4. 仪表板拆装

仪表板是最重要的一个内饰件，由许多小装饰件组成，其拆卸的基本流程包括：断开车辆蓄电池、拆下转向盘和组合开关、拆卸仪表板侧面护板、拆卸A柱上部装饰板、拆下仪表板中部盖板、拆卸仪表板中部出风口及仪表装饰隔板、拆下仪表板中间隔板、拆下手套箱、拆下驾驶员两侧隔板、拆下日照光电传感器、拆卸收音机（包括导航）、拆卸暖风和空调的调节装置、拆卸组合仪表、拧出熔断丝架、取下仪表板等。

5. 地毯拆装

地毯，即车辆的原装地垫。在很多部件进行维修之前，如车身底座、门槛维修等，都需要将地毯拆除。地毯要严格按照规范进行拆卸，最后应二人共同操作将地毯取出。

6. 天窗拆装

天窗在很多中低档车型中也普遍应用，在拆卸之前一定要明确其是否可开启，才能够按照正确的方式进行。一般来说，不同的车型、同车型不同配置，其天窗的结构和形式都有可能不同。因此，在拆卸之前，一定要认真阅读该车型的技术说明手册。

7. 综述

车身附件种类繁多，结构复杂，材料多样。在损伤后多采用更换的方式进行修复，而一些特殊的维修项目，如皮革材料的修复、塑料件的修复都需要对相关车身附件进行拆装，因此掌握车身附件的拆装技能是对钣金维修技师的基本能力要求之一。

▫ 问题思考 ▫

（1）车身附件都包括哪些部件？

（2）简述座椅的拆装工艺流程及注意事项。

（3）简述转向盘及组合开关的拆装工艺流程及注意事项。

（4）简述仪表板的拆装工艺流程及注意事项。

学习任务三 玻璃及密封件拆装工艺

▫ 学习目标 ▫

（1）能够辨别挡风玻璃的真伪和安装方式。

（2）能够正确进行挡风玻璃的拆装。

（3）树立专注、耐心、精益求精、追求卓越的工匠精神和良好的职业素养。

▫ 相关知识 ▫

汽车玻璃属于易碎品，因此车辆在使用时玻璃发生破损的情况屡见不鲜。若出现玻璃已经破碎，受损处是不规则的扩散式裂纹，裂痕长度超过20cm等情况，建议直接更换玻璃。即使强行修复恢复了外观，玻璃的强度和使用性能已经大打折扣，可能为行车安全埋下巨大隐患。

一、车身玻璃件的安装特性

车身常见的玻璃制件主要包括前后挡风窗玻璃和侧窗玻璃。轿车的侧窗一般采用厚度为3mm或4mm的钢化玻璃，挡风窗一般采用厚度为5mm的夹层玻璃。侧窗玻璃在本模块学习任务一中车门部分有介绍，本任务重点介绍挡风玻璃。

1. 汽车玻璃的鉴别

汽车玻璃必须有强制认证标识，并有商标等相关标注。玻璃商标印刷方法有两种：一种为喷砂法，即用细小的金刚砂在玻璃表面上生成小凹坑，商标呈灰白色；另一种方法称为丝网印刷法，即在玻璃进高温炉定型前使用油墨印刷到玻璃表面，高温定型完成后，油墨渗入玻璃并与之结晶，商标一般呈黑色。这两种标志随玻璃的使用始终存在，且无法擦除，这也是品牌玻璃常用的两种商标标注形式。用手指刮商标，若商标全部刮掉，则认定为伪劣玻璃；与原装玻璃商标印刷效果比较，字迹模糊，字形不符，玻璃的商标发生扭曲，商标残缺等，则也认定为伪劣玻璃。

2. 挡风玻璃的安装方式

世界各国汽车安全法规都对汽车挡风玻璃的安全性能有着严格的标准。传统的螺栓连接（或铰链连接）、橡胶条镶嵌、丁基胶或硅酮胶等连接方式由于安全性能无法满足要求，已经或者正在被逐步淘汰，取而代之的是强度高、安全、可靠的聚氨酯胶粘接方式，如图3-67所示。

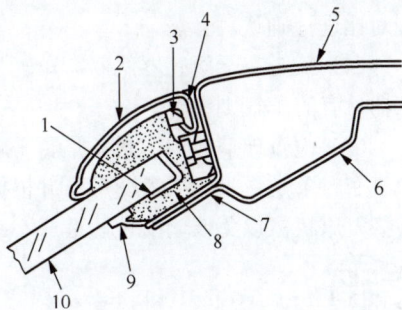

图 3-67 粘接式挡风玻璃安装结构

1—底剂；2—模压饰条；3—卡条；4—密封剂；

5—车顶板；6—车内顶板；7—窗框压焊凸缘；

8—聚氨酯胶；9—内装饰条；10—挡风玻璃

聚氨酯胶（俗称玻璃胶）是无色或淡黄色透明液体，单组分包装，如图 3-68 所示。由于聚氨酯胶含有强极性的异氰酸酯和氨基甲酸酯基，有很高的反应性，能够室温固化，因而对金属、橡胶、玻璃、陶瓷、塑料、木材、织物、皮革等多种材料都有优良的黏合性能。聚氨酯的主链柔性很好，其最大特点是耐受冲击振动和弯曲疲劳，剥离强度很高，特别是耐低温性能极其优异。聚氨酯胶工艺简单，室温和加热均能固化，不同材料黏合时热应力影响小，在各个领域都有广泛的应用。聚氨酯胶耐水性和耐热性较差，选用时需要注意。

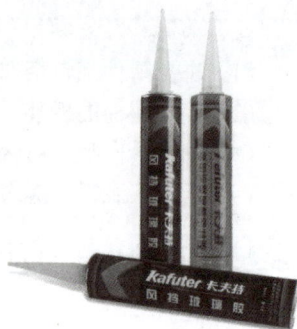

图 3-68　聚氨酯胶

粘接式汽车挡风玻璃作为车辆安全系统的重要组成部分，其作用的主要表现：挡风玻璃与车身连接后形成一个整体结构，满足刚性要求；车辆发生侧翻或翻滚事故时，挡风玻璃可以起到支撑作用，以防止较大的压缩变形，保证驾驶舱有足够的生存空间；发生事故时，挡风玻璃保留在车身上，保证驾乘人员不被抛出车外；气囊爆炸和乘客冲击气囊将会产生较大的冲击力，挡风玻璃可作为坚固的后支撑板。

二、挡风玻璃的拆装

1. 车辆预检

首先全面检查车身外观，对变形或者划痕等进行记录，同时对影响黏合持久性的相关因素进行检查，这些因素包括但不局限于车体锈蚀、风挡框变形、车身油漆系统失效、零部件缺失、不合适产品的使用等。另外，还应检查与玻璃系统相关设备的操作是否良好。

2. 安装前玻璃检查

清洁和检查玻璃之前，不要开始任何安装工作，要进行以下几个方面的检查。

（1）检查玻璃有没有划痕和污点。在光线较好的地方，仔细检查玻璃表面及夹层内是否有划痕、污点、异物等。

（2）检查玻璃是否与原车匹配。可输入车型、年款等信息查询配件号，与玻璃零部件号对比确认，并检查其商标，以确认该产品是合格的正品件。

（3）检查玻璃颜色是否合适。在光线较好的地方，从不同角度、不同方向与原车玻璃目测对比进行确认。

（4）检查有无雨感器底座。车辆型号、年款相同，但有配置高低之分，有的车辆带有雨感器，有的车辆则没有。

（5）检查玻璃四周密封条是否平顺。有些车型新的挡风玻璃四周带有密封条，安装前应检查密封条是否平顺或者变形，并根据情况更换挡风玻璃，调整密封条位置或者适当加热使其恢复原状，以免玻璃安装后造成不必要的麻烦。

提示

（1）还应检查前挡风玻璃上部的遮光带宽度是否和旧玻璃相同。

（2）后窗玻璃有加热功能及天线等，还应检查线路连接是否牢固。

3．保护车辆的易损区域

在拆除破损的玻璃之前，要对翼子板、发动机盖和座椅提供保护，易损区域可使用保护胶带遮蔽以防止划伤，如图 3-69 所示。在玻璃一周的窗框内外表面贴上胶带，以保护漆面，如图 3-70 所示。

图 3-69　保护车辆

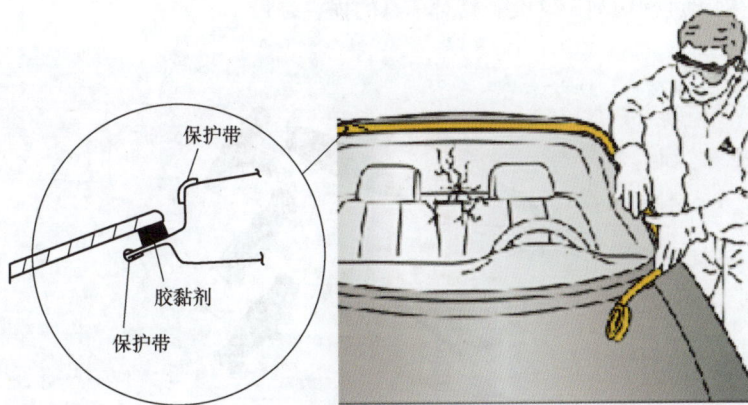

图 3-70　贴保护胶带

4．拆除相关附件

拆除刮水器、装饰条、A 柱饰板、内后视镜、雨感器等附件，如图 3-71 所示。拆卸时，应注意以下几方面。

① 准确核实待装车辆的装饰条和附件信息，以备同步更换。

② 确认所有必需的零部件和附件是完好的。

③ 小心地移除装饰条及附件，并存放在安全区域，以避免意外损坏。

④ 如果可能的话，请尽量使用新的装饰条。

5．拆除挡风玻璃

（1）在拆卸时，要用胶带从内外侧粘住玻璃，如图 3-72 所示，以免拆除过程中玻璃碎脱落，造成安全事故。

图 3-71 拆除相关附件

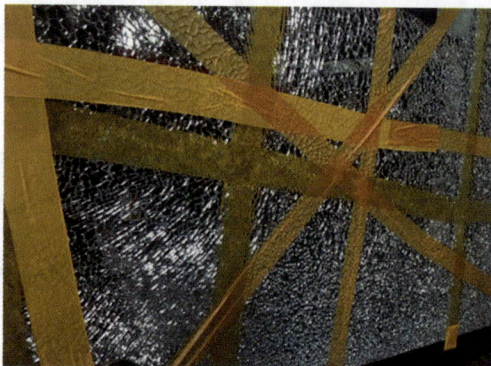

图 3-72 用胶带粘住玻璃内外侧

（2）操作前，务必佩戴安全眼镜和防护手套。根据挡风玻璃的类型使用相应的专业拆卸工具，如图 3-73 所示。拆卸时可以使用手工切胶刀、切割钢丝、玻璃拉刀器等进行切割。推荐使用切割钢丝进行切割，这类工具对车身的损害是最小的。

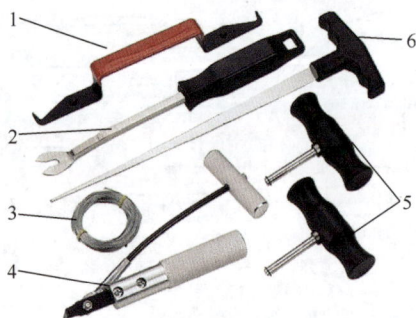

图 3-73 玻璃拆卸工具

1—手工切胶刀；2—内饰板卡扣起子；3—切割钢丝；4—玻璃拉刀器；

5—钢丝把手；6—钢丝穿线器

（3）先使用玻璃拉刀器沿窗框边缘对玻璃胶进行预切割，接着使用穿线器将切割钢丝穿透玻璃胶，如图 3-74 所示。

（4）最后用切割钢丝沿预切割刀痕完全切开玻璃胶。钢丝切割过程一般需要车内、车外两个人配合进行，在施工中沿玻璃方向用力切割，边切割边观察，以免造成零部件或漆面损坏，如图 3-75 所示。玻璃拆除后，用吸尘器或毛刷清理玻璃碎片和其他杂质，并使用玻璃清洁剂清洗粘接区域。

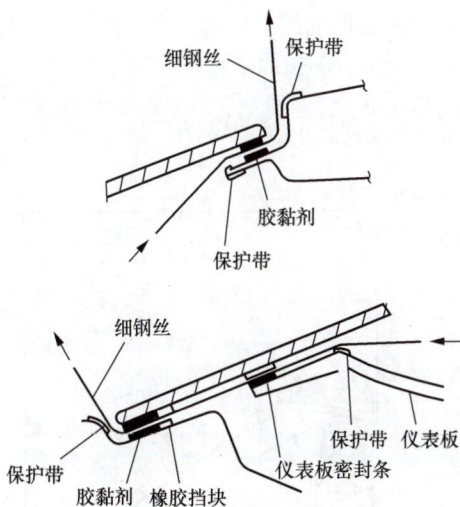

图 3-74 穿引切割钢丝

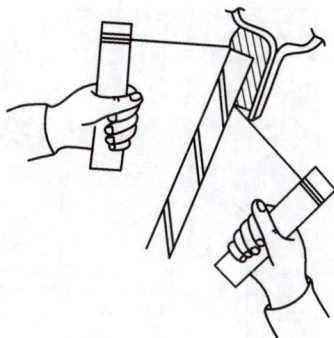

图 3-75 切割玻璃胶

6. 车框处理

（1）底胶处理

底胶处理主要分为深切割法和完全切除法两种（见表 3-2）。浅切割法是错误的并且非常危险，它是指轻微修整原聚氨酯胶条，然后再使用很少的新聚氨酯胶粘接挡风玻璃，该方法可能引起粘接失败和严重的潜在危害。由于挡风玻璃和原聚氨酯胶条之间空间太少，没有足够多的聚氨酯胶，达不到《汽车安全玻璃》（GB 9656—2003）的要求，可能导致车辆行驶过程中玻璃脱落。

表 3-2　　　　　　　　　　　　　底胶处理方法的适用范围

深切割法	完全切除法
适用于以下情况： ■ 原胶条是聚氨酯胶（不是丁基胶、硅酮胶等）； ■ 原聚氨酯胶条与车框粘接良好并保持良好的形状； ■ 车框没有发生锈蚀； ■ 之前玻璃更换操作和产品的使用是恰当的； ■ 车框没有破坏，没有被重新刷油漆	适用于以下情况： ■ 车框重新刷油漆（如经过锈蚀处理）； ■ 车框被损坏； ■ 原胶面已经脱落或老化； ■ 之前使用不合适的产品（丁基胶、硅酮胶等）

① 深切割法。如果原胶条与车框粘接良好，并且车框没有生锈或被锈蚀，同时确认原胶条是正确施工的合格聚氨酯胶（不是丁基胶或硅酮胶），可以采用深切割法。切割后，底胶厚度应控制在 0.5 ～ 2mm，如图 3-76 所示。

使用不掉毛的清洁布蘸上少量清洁活化剂，如图 3-77 所示，单向涂抹粘接区域。如果刷涂过量，应使用清洁布将其擦干，等待 10min 可以进行下一步。

② 完全切除法。如果粘接面被喷过漆或者需要重新喷漆，原胶条已经脱落或损坏，之前使用不正确的产品（如丁基胶、硅酮胶等）或者现有车框和聚氨酯胶的粘接情况不利于胶条保留，则不能采用深切割法，应该提供干净和良好的粘接基材。完全切除法要求彻底清除

车框上的所有残胶，然后小心地打磨车框上待粘接部位的油漆（仅去除表面漆层，以免破坏电泳和磷化层）。使用玻璃清洁剂清洗粘接区域，干燥后，按照上述深切割法的方法施涂清洁活化剂。

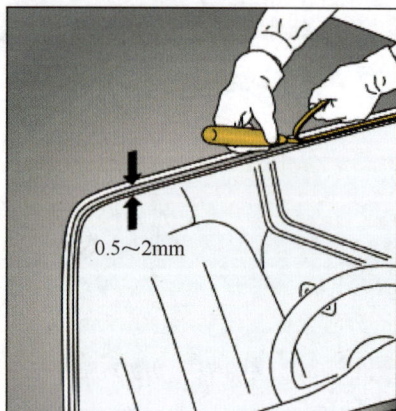

图 3-76　深切割法

图 3-77　涂少量清洁活化剂

（2）金属划痕和擦伤防腐处理

如果操作不慎导致车框金属出现划痕或擦伤，并且这些损伤是隐藏的，挡风玻璃安装后无法观察到，则可使用不掉毛的毛刷或者棉签，在划痕区域均匀地刷涂一层较薄的防锈底漆至划痕区域外 5mm 以提供更好的保护。等待至少 3min 或确认防锈底漆完全干燥后，再次涂刷防锈底漆，进行防腐处理，等待至少 10min 使其完全干燥，如图 3-78 所示。

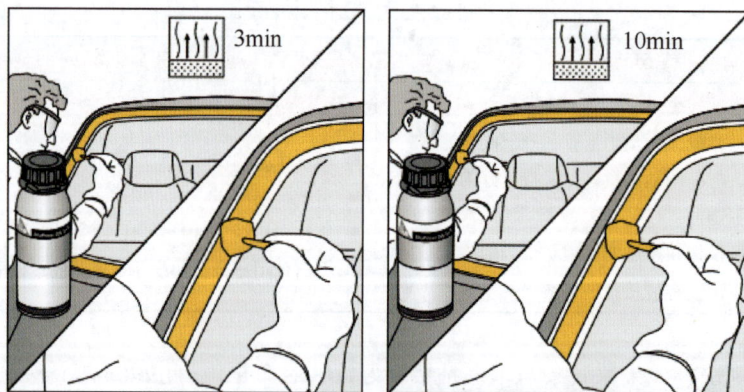

图 3-78　涂两道底漆

7. 安装预定位

为保证涂胶之后挡风玻璃快速准确地安装，在涂胶前首先做预定位并做标记，如图 3-79 所示。

8. 挡风玻璃安装前处理

清洁整块挡风玻璃，并在内侧边缘粘接区域单向施涂清洁活化剂，如图 3-80 所示。施涂清洁活化剂之后，确保挡风玻璃存放在干净、干燥的区域，不要触摸使用清洁活化剂处理过的部位，之后需自然风干 3min。若 8h 之内没有安装挡风玻璃，则需重新施涂清洁活化剂。不使用清洁活化剂将会导致玻璃漏风、漏水和粘接不牢的问题。粘接不牢的挡风玻璃可能导致严重甚至是致命的伤害。

图 3-79　挡风玻璃预定位

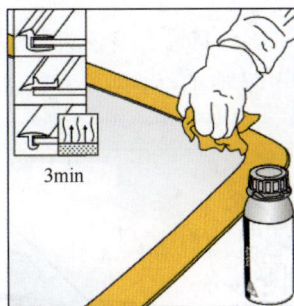

图 3-80　施涂清洁活化剂

挡风玻璃粘接好之后，就构成了汽车整体结构强度的一个重要组成部分，而这个整体结构的关键就在于挡风玻璃和胶黏剂的粘接情况，如果在这二者之间有任何的污染物将会导致漏风、漏水和安全隐患。大多数新车的挡风玻璃边缘都有陶瓷印边（花边或黑边），必须进行清洁处理，之后要防止污染物接触到玻璃的边缘，避免遗留下溶剂、油脂、手指印等其他污染，这些污染会对粘接效果产生极其不利的影响。

提示

　　因为后挡风玻璃是钢化玻璃，碰撞后会碎裂，所以在安装后挡风玻璃前要彻底清理车内玻璃碎碴。

9. 挡风玻璃安装

（1）选择最佳粘接表面。最佳的粘接表面是未污染的原始切面。施胶在玻璃上可以更加容易地控制胶条的尺寸，更有利于防风防水。如果不能够准确地确定施胶的位置，使得原胶面不能和新胶面有充分的接触，也可以在车框上或者修整过的原胶条上施胶。

（2）切割胶嘴。因为圆形的胶嘴在施胶挤压之后很容易形成气泡，所以胶嘴切割呈倒 V 形，以获得理想的胶条形状和尺寸。将胶嘴放在车框上部，检查胶嘴深度是否符合要求，正常情况下，胶嘴的 V 形上端与车顶高度一致或者高出部分长度不超过 3mm，如图 3-81 所示。如果胶嘴太短，须切出更深、更宽的 V 形胶嘴，这样操作可以确保足量的聚氨酯胶打到车框上，防止玻璃下垂。

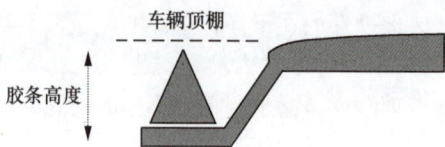

车辆顶棚

胶条高度

图 3-81　理想的胶条形状和尺寸

（3）施胶。依据实际情况，将胶涂在玻璃或车框上，但一定要保证新涂的胶条与活化过的玻璃表面和原胶条相对应。施胶时，保持胶枪与粘接面的夹角为 80°～90°，如图 3-82 所示。

（4）准确地定位安装玻璃、粘贴胶带以保证挡风玻璃在准确的位置，并适当将玻璃压紧，如图 3-83 所示。

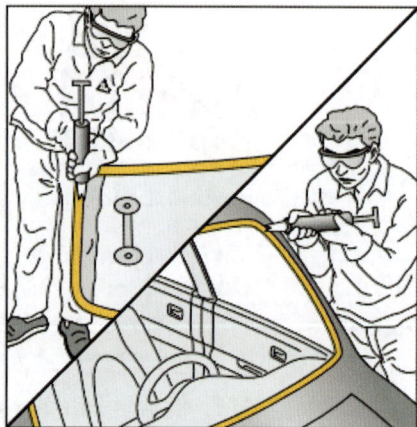

图 3-82　施胶

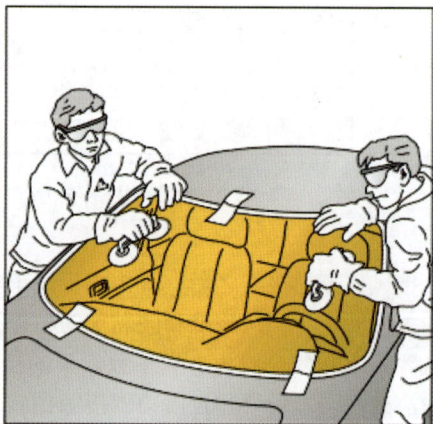

图 3-83　定位安装玻璃

（5）检查玻璃四周挤出的胶黏剂。用油灰刀将胶黏剂压匀、压平，把多余的胶黏剂清除掉，如图 3-84 所示，把玻璃与窗框钢板之间的所有空间都填满。安装好装饰嵌条，然后用胶黏剂清洗剂清理周边多余的胶黏剂。

（6）直到胶黏剂生成足够的强度（根据挡风玻璃的大小和尺寸决定胶带粘贴的时间），重新安装之前拆掉的附件，使之恢复到拆装前的状态。

（7）作业完成后，尽可能避免车辆振动，避免阳光暴晒，等待足够的黏结强度生成。

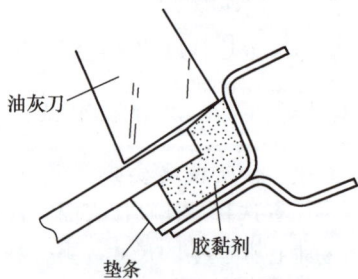

油灰刀

胶黏剂

垫条

图 3-84　修整胶黏剂

10. 安装后的检查

胶黏剂固化后，应进行淋雨试验或使用超声波测漏仪测试挡风玻璃的气密性；检查相关的电子设备是否正常运作；检查刮水器及喷嘴是否正常运作；取下原挡风玻璃上的年检、保险、环保等标签，按照原位置粘接到新的挡风玻璃上；最后，按 6S 要求清洁工作区域。

新更换挡风玻璃的车辆可以直接驾驶，但应注意以下几点。

① 车速不宜太快，尽量避免紧急制动。

② 在颠簸路面，尤其是过减速带的时候需尽量低速，避免颠簸振动对玻璃造成位移。

③ 短期内不要洗车，至少坚持 3 天再考虑洗车。

□ 知识拓展 □

（1）汽车前挡风玻璃边上都有一圈黑色的圆点过渡区（陶瓷印边），它的作用是什么？

（2）玻璃胶黏剂有单组分和双组分两种，双组分玻璃胶黏剂固化的时间短，施胶后要在规定时间内及时安装玻璃。

（3）后挡风玻璃破碎后该用什么样的拆除方式拆除？

□ 任务总结 □

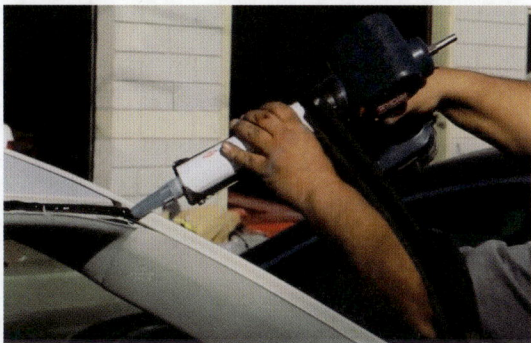

微课

玻璃及密封件
拆装工艺

玻璃及密封件拆装工艺

1．安装方式

挡风玻璃采用强度高、安全、可靠的聚氨酯胶粘接方式，与车身连接后形成一个整体结构，满足刚性要求。

2．拆装流程

挡风玻璃拆装的基本流程包括车辆预检、安装前的玻璃检查、保护车辆的易损区域、拆除相关附件、拆除挡风玻璃、车框处理、新挡风玻璃预定位、安装预定位、挡风玻璃安装前处理、挡风玻璃安装、安装后的检查等。

3．玻璃检查

安装玻璃前注意检查玻璃有没有划痕和污点、玻璃是否与原车匹配、玻璃颜色是否合适、有无雨感器底座和玻璃四周密封条是否平顺几个方面。

4．拆除工具

推荐使用切割钢丝进行切割，这类工具对车身的损害是最小的。切割过程中，应规范使用工具，边切割边观察，以免造成零部件或漆面损坏。

5．底胶处理

底胶处理主要有深切割法和完全切除法两种，主要根据原胶条与车框粘接是否良好、车框有无锈蚀和原胶的化学成分来决定选择哪种方法。

6．综述

随着我国汽车保有量的不断增加，每年都有大量破损的汽车玻璃在维修市场进行更换、维修。这就需要大量的能够使用专业工具和设备对汽车玻璃进行拆卸、更换、安装、修补及其他维修工作的维修技师，因此掌握相关技能对未来的职业发展具有重要意义。

—————————————————————— ▫ 问题思考 ▫ ——————————————————————

（1）如何辨别汽车玻璃的真伪？

（2）现代汽车多采用什么方式安装挡风玻璃？这种方式有什么优点？

（3）安装玻璃前需要进行哪些检查？

（4）挡风玻璃的拆除工具有哪些？

（5）底胶处理主要包括哪些方法？简述它们的使用范围。

（6）车框的金属划痕和擦伤防腐如何处理？

（7）简述挡风玻璃拆装的工艺流程。

（8）如何进行挡风玻璃的安装前处理？

（9）简述新挡风玻璃的安装工艺流程及注意事项。

学习任务四 车身密封及降噪工艺

—————————————————————— ▫ 学习目标 ▫ ——————————————————————

（1）能够正确描述各类型专用工具的用途。

（2）能够根据车身密封性的受损类型选择合理的维修方式。

（3）能够正确进行车身的降噪施工。

（4）培养交流、沟通与团队协作的能力。

—————————————————————— ▫ 相关知识 ▫ ——————————————————————

静音效果已经成为驾乘人员评判车辆舒适性的一个重要指标。车门、行李箱、底盘、发动机盖和车顶都是最容易产生空气摩擦噪声的地方，通过减振、降噪和密封等方式可以有效降低汽车噪声。新车出厂时，厂商对车身已经做了良好的密封和降噪处理，但是车身的老化和一些不规范的维修操作会降低汽车的静音效果，这就需要对车身进行额外的密封降噪处理。降噪工艺既可以降低汽车行驶过程中车内的噪声，又可以提升汽车音响的声压和音质效果，让更多的车主享受到更美妙的驾驶乐趣。

一、噪声的来源与控制

1. 噪声的来源

汽车噪声的来源基本上可以归纳为 5 个方面，即发动机噪声、轮胎噪声、空气噪声（风噪）、车身共振噪声和排气噪声，如图 3-85 所示。

（1）发动机噪声，发动机工作时的正常机械噪声和高速气流出入气缸过程中的气动噪声共同组成了发动机噪声。

（2）轮胎噪声，也就是人们常说的胎噪。

（3）空气噪声是由于汽车在高速行驶过程中风的压力超过车门密封阻力而进入车内产生

的噪声，还有一种被称作风漏噪声或者吸出音，同样是由于驾驶室密封条件不好造成车内外空气高速互换产生的噪声。

（4）车身共振噪声，也称共鸣噪声，则是由于声音在相对封闭的箱体即车厢内不停地折射与重叠，形成共鸣，此外就是车内金属件不紧密产生的振动噪声。

（5）排气噪声可分为排气口产生的噪声和排气管壁振动产生的表面辐射噪声。

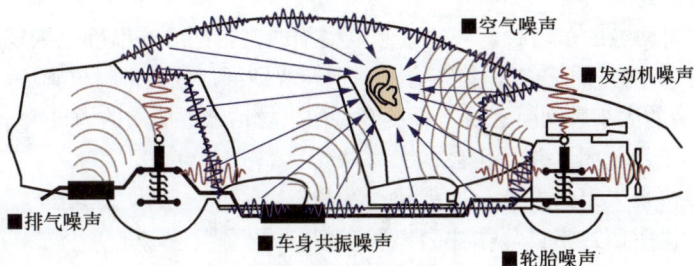

图 3-85　汽车噪声的来源

2. 车身噪声的控制

（1）从机械原理出发

从机械原理出发的噪声控制主要取决于汽车的研发和生产组装等环节，比如改进机械设备结构、应用新材料、提高零部件加工精度和装配质量等，一般是在车辆出厂之前采取的降噪措施。后期的使用和维护过程中，为避免车辆的空载和超载，选用好的润滑油脂，都可以减轻噪声。

（2）从声学原理出发

采用声学控制方法降低噪声主要是从控制阻隔传播途径入手。一般包括吸音、减振、密封等。

① 吸音。吸音是用特种被动式材料来改变声波的方向，以吸收其能量。合理地布置吸音材料，能有效降低声能的反射量，达到吸音降噪的目的。

② 减振。汽车的外壳一般都是由金属薄板制成的。车辆行驶过程中，振源把它的振动传给车体，在车体中以弹性波形式进行传播，这些薄板受激振动时会产生噪声，同时引起车体上其他部件的振动，这些部件又向外辐射噪声，在该传播途径上安装弹性材料或元件，隔绝或衰减振动的传播，就可以实现减振降噪的目的。

③ 密封。车内整体噪声的控制与车体的密封性能密切相关。好的密封可以有效降低车辆整体噪声，尤其对高速行驶过程中的风噪有很好的抑制效果。

二、车身密封性的修复

车身的密封性是指关闭车身全部门、窗和孔口盖时，车身的防雨水和防尘土能力。在车身受损变形时，其密封性即受到影响，因此在维修车身时，要注意以下几方面。

1. 维修线路时

在维修汽车线路时，应将所有车身孔、洞处穿线束的密封圈装到位，因为这些密封圈不仅起密封作用，还起保护线束的作用。如果密封圈已经损坏或线束能在密封圈中转动或窜动，应更换密封圈，并将它与车身孔、洞装配牢固，将线束稳固好。

2. 维修车窗时

在车窗玻璃损坏后，要换用与原车窗玻璃曲率一样的玻璃，同时要检查玻璃导槽及密封条有无损伤。由于车窗经过维修后往往恢复不到原来的形状，因此，这时除了要保证能轻松拉动或升降车窗玻璃外，还要注意在车窗关闭后车窗玻璃四周的密封性。

3. 维修车顶时

在换车顶时，应先在车顶周边压合处涂一层导电密封胶，待焊好后再在流水槽内及接缝处遍涂折边胶，这不但有助于车身的密封，更可防止车身因翻边焊缝处积水而产生早期锈蚀。

4. 维修车门时

在修复有密封凸缘的车门时，应注意修复受损的密封凸缘，准确地恢复原凸缘的形状。在修复车门后要进行密封性检查，检查方法：把一块硬纸片放在密封位置上，关上门，再拉动纸片，根据拉力的大小来判断密封是否良好。如果拉动纸片所需的力过大，说明密封过紧，这会影响车门的正常关闭，并且还会使密封件变形过大，导致很快丧失密封性能；如果拉动纸片所需的力过小，说明密封不良，往往会出现车门挡风不挡雨的现象。在更换车门时一定要注意在新车门的内外板翻边咬合处涂折边胶，如图3-86所示，并把在冲压时留下的一些小工艺孔用钣金胶带堵住。

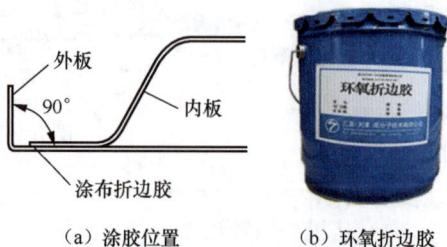

（a）涂胶位置　　　（b）环氧折边胶

图 3-86　车门内外板翻边咬合处涂折边胶

5. 车身焊接时

在需要焊接修复时，应在其焊缝的搭接部分与焊点上都涂一层密封胶，胶层厚度约为 1mm，并且胶层不得有虚粘、气泡等缺陷，在折边处则应涂专用的折边胶。这些措施不仅可以大大增强整车的密封性、减慢车身的锈蚀速度，而且还可以大大提高乘坐的舒适性。

提示

车身修复点焊时，增加电阻点焊数对车身降噪也起到一定作用。

三、降噪材料

目前高分子减振降噪材料在汽车上的应用非常普遍，如发动机舱、车身外表面、车门内表面、车身内部、顶棚、地毯、行李箱零件、车外轮罩等，这些零部件就像一个"包装（Package）"一样把车身包住了，它们的目的是降低噪声，所以把这些降噪的高分子材料统称为"声学包装"。

1. 使用标准

目前能达到减振降噪作用的材料很多，但用于汽车的吸音材料需要满足一些特殊条件。

（1）要阻燃。这涉及最根本的安全性能，是国家强制性要求的，也是目前降噪材料的唯一一个国家强制标准。

（2）要环保。既要气味小，雾化小，又要 VOC（挥发性有机物）的排放小，更不能使用石棉、玻璃棉或者重金属等对人体危害大的材料。

（3）声学效果要好。既然是降噪材料，就需要对噪声有很好的抑制效果。

（4）可靠性好。在经过高低温等恶劣环境因素影响后，仍然能保持性能稳定。有的外部降噪材料还要防水、防潮。

（5）要耐磨、耐光，有一定的抗弯、抗压强度。有些用于车身外板的降噪材料，会有这些要求。

（6）尽量轻量化。轻量化是整个汽车制造领域发展的大趋势，可以节油、减排。

（7）成本要低。汽车行业竞争激烈，如果材料成本过高，就算性能再好，也较难得到应用。

2．降噪材料的种类

降噪材料主要包括减振材料、隔音材料和隔热材料等。

（1）减振材料（见图3-87）。它是具有铝箔约束层的强制性高效减振材料。高纯度的丁基橡胶基层具有优异的减振性能，同时也有良好的强化钣金、隔热能力及密封性能。它是汽车隔音降噪工程的重要材料。

（2）隔音材料（见图3-88）。它有特殊的声学结构，使其在超低频段具有强大的阻隔功能，是路噪和发动机噪声的超级克星，同时它又具有优异的隔热性能，可有效阻挡发动机排气管向车内散热。其在车内使用非常方便，可直接铺设于地毯下方，无须粘贴，可重复使用。

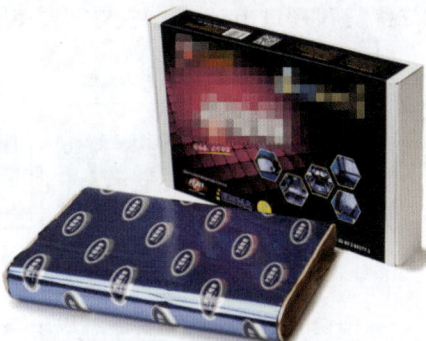

图 3-87 减振材料（止振板）

（3）发动机盖隔热膜（见图3-89）。它是一种外面覆有一层增强铝护膜的吸音泡沫，这种产品可大量隔除发动机盖下面的热量，减缓了发动机盖漆面的老化，是保护漆面的重要手段，同时可有效吸收发动机舱内的机械噪声，降低发动机通过发动机盖板向车内传递的噪声和振动，让驾驶更舒适。

图 3-88 隔音材料（吸音棉）

图 3-89 发动机盖隔热膜

3．铺设方式

减振材料可以满铺于钣金件上，也可以分块粘贴于钣金件上，只要贴实面积达到所需减振面积的 50% 以上即可达到理想效果，如图 3-90 所示的单层铺设方式。

图 3-90　单层铺设方式

对于特别薄弱及关键位置的面板，双层铺设可达到 3 倍效果，如图 3-91 所示，尤其对于板材厚度超过 1mm 的面板更需要使用这种铺设方法，铺设粘贴越多层，减振效果越好。

图 3-91　双层铺设方式

在铺设降噪材料时，要注意以下事项。

（1）产品严禁直接安装在发动机、散热器、排气管等高热部件上，安装时需要离这些部件 15cm 以上。

（2）清洁底板时，请勿使用油性清洁剂，应使用酒精或清水进行清洁，以免影响粘贴效果。

（3）请勿粘贴到安装内饰板的卡口位上。

（4）请勿粘贴到影响电动车窗、门锁等功能的位置上。

（5）为了保持材料的最佳应用效果，不使其脱落或者剥离，请确保用力压实材料。

（6）根据不同车型内饰板的不同，其卡口的位置会有所不同，操作时应加以注意。

四、车身降噪工艺

具体来讲，系统的降噪工程一般包括 4 个主要施工部位。车门和行李箱是车内传递噪声的主要部位，包括路噪、发动机噪声。车门和行李箱的隔音处理是汽车隔音的基础工程，为车内施工的重点。车地板（含内挡火墙）和发动机舱虽然在车内占据面积较大，但它们作为汽车隔音的次要部位，只有在车门和行李箱进行隔音处理后，对它们的降噪施工才能发挥有效的隔音作用。这里以大众新宝来轿车为例，详细说明车身的降噪工艺。

1. 车门的施工及要点

（1）拆下车门内饰板

拆卸车门内饰板的方法参考本模块学习任务一中"二、车门拆装及调整"的内容。

（2）揭下防水塑料薄膜

揭下塑料薄膜（有的车型是隔音板），除去残留在内板上的胶黏物，如图 3-92 所示。揭下的塑料薄膜不可再使用。

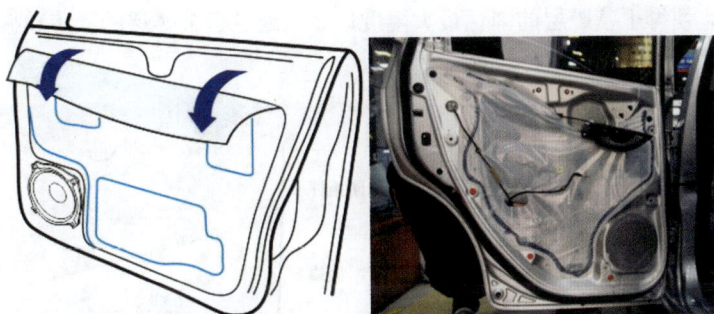

图 3-92　揭下防水塑料薄膜

（3）拆下扬声器（如有需要）

用螺丝刀拆下扬声器和它的连接器，如图 3-93 所示。根据车型的不同，扬声器的连接器有时会被铆钉铆住而无法拆取。

> **提示**
>
> 拆除铆钉连接的扬声器可用电钻钻除或用打磨机打磨去除。

（4）清除油渍、水分和脏污

使用清洁擦布等将外板的油渍、水分和脏污清除干净，如图 3-94 所示。请勿使用油性清洁剂，因为油性清洁剂会使隔音减振垫很难粘贴，即使粘贴后也很容易发生脱落。

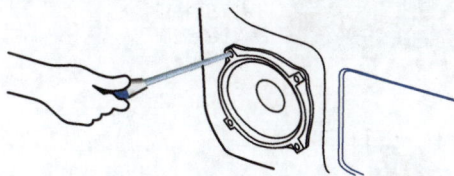

图 3-93　拆下扬声器

图 3-94　清洁车门外板内侧

（5）粘贴隔音减振垫

将隔音减振垫裁剪成容易粘贴的尺寸，再粘贴在外板内侧上，请勿粘贴到外板下方容易积水处，如图 3-95 所示。

然后使用专业的滚轮（见图 3-96）进行充分按压，除去残留空气，使丁基胶层挤压渗入钣金表面的微小凹槽，并在隔音减振垫的铝镁合金表面形成强效可塑凹凸面，保持持续压力于丁基胶层，使得丁基胶层的弹性最大限度地衰减通过钣金传递的噪声和振动，如图 3-97 所示。

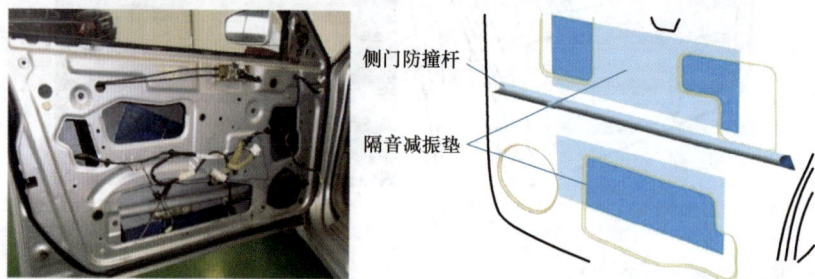

图 3-95　粘贴减振垫

图 3-96　隔音施工专用滚轮

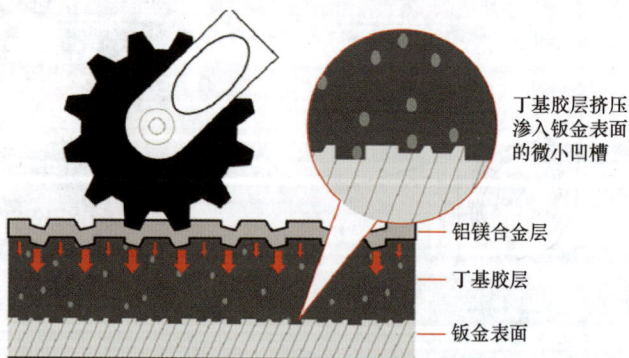

图 3-97　隔音减振垫的原理

（6）扬声器附近的处理

连接扬声器的连接器以便固定扬声器。扬声器的周围一定要粘贴隔音减振垫，如图 3-98 所示。

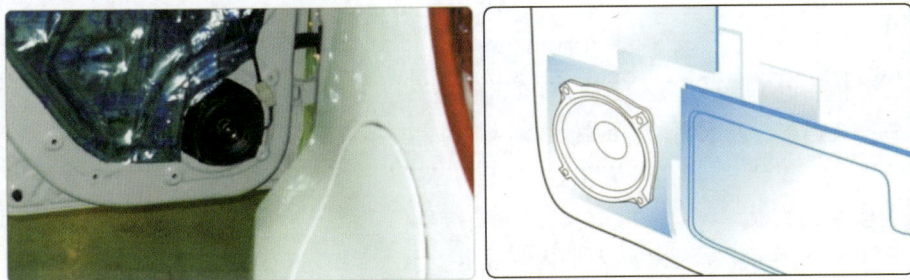

图 3-98　粘贴扬声器减振垫

（7）粘贴防水薄膜

重新粘贴防水薄膜，或在车门内层板件上再满满地贴一整层减振材料，如图 3-99 所示。这样可以大大地提升车门的密封性，不但可以有效阻隔风噪的传递，还能让车门内外板间形成一个密封扎实的箱体，提升车门喇叭的音质。

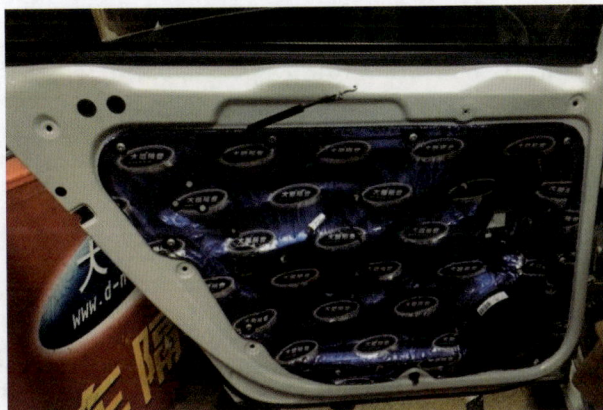

图 3-99　整层减振材料

粘贴的过程中要注意不要阻塞漏水孔，如图 3-100 所示。

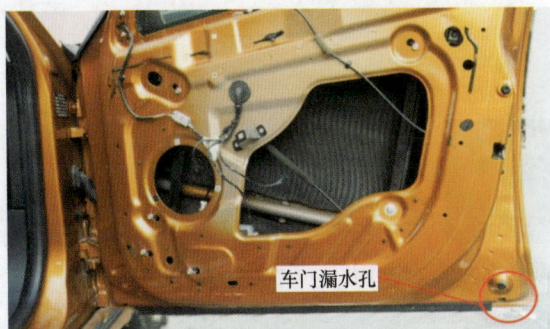

图 3-100　车门漏水孔的位置

提示

每个车门都有漏水孔，有的孔在车门下的密封条后，不易发现。

（8）安装内饰板

① 正确安装连接器及把手，对照内饰板卡子压入卡扣，安装拆下的螺钉。

② 看清内饰板的卡孔，谨慎操作，以免造成破损。

③ 操作结束后，确认各项功能是否正常运行。

2. 行李箱的施工及要点

（1）施工准备

施工前须先拆除所有内饰配件，对行李箱内、外板分别进行清洁处理，以确保材料的粘贴稳固，无须将原厂减振材料去除。

（2）减振处理

将已裁切好的隔音减振垫粘贴到行李箱内板表面，施工重点依次是行李箱盖板、后肩板、后轮弧、两侧板、行李箱地板等，如图 3-101 所示。使用专用工具压实紧贴，以确保材料发挥最佳效果。

（3）隔音处理

铺设隔音材料要注意 LOGO 的方向，凹凸不平的位置要特别注意避免日后脱落。为达到最佳的隔音效果，在施工中要将所有行李箱中不需要使用的安装孔洞进行密封粘贴，如图 3-102 所示。

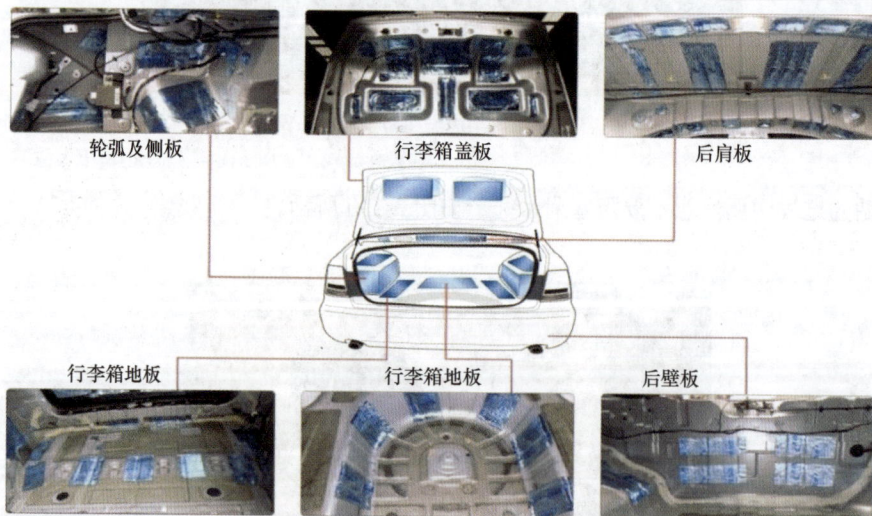

图 3-101　行李箱施工效果图

（4）安装内饰配件

安装行李箱内饰配件，操作结束后，确认各项功能是否正常运行。

3. 车厢地板的施工及要点

（1）施工准备

施工前须先拆除所有内饰配件，清洁地板，无须将原厂减振材料去除，铺设位置如图 3-103 所示。

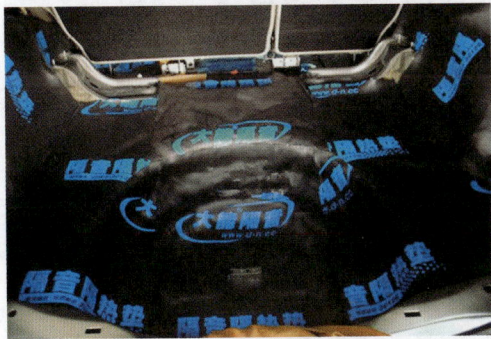

图 3-102 铺设行李箱隔音材料

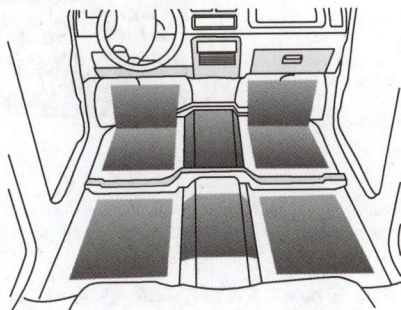

图 3-103 地板铺设位置

（2）减振处理

除大梁之外所有位置都须按顺序横向粘贴减振垫，并压出和原车外形一样的轮廓才算合格。将减振垫裁剪成合适的尺寸用专用刮刀压实在地板上，如图 3-104 所示。大面积减振材料粘贴时，每隔 25cm 须横向留 0.5cm 的缝隙，此方法的减振效果比贴满的减振效果高 10% ～ 15%，比选择性粘贴的减振效果高 25% ～ 30%，还能有效防止全车隔音后发闷的情况。

粘贴仪表板下的减振材料时，需要尽可能往上贴，因为发动机噪声与路噪容易传递到此处，如图 3-105 所示。

图 3-104 地板减振处理

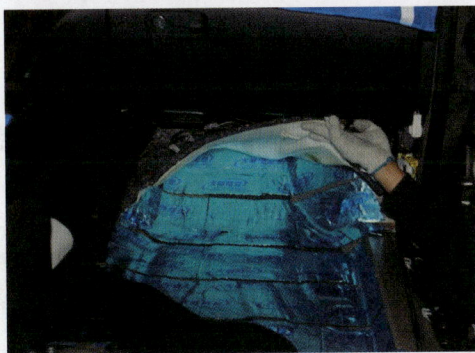

图 3-105 粘贴仪表板下的减振材料

（3）隔音处理

给地板铺设隔音材料时，应该铺设严实，不要留有空隙，如图 3-106 所示。注意，仪表板下面也要尽量放到位。

图 3-106　铺设隔音材料

（4）安装内饰配件

安装车地板部位的内饰配件，操作结束后，确认各项功能是否正常运行。

4. 发动机盖的施工及要点

（1）施工准备

拆卸原厂隔热板时，用清洁剂清洁发动机盖板的污渍，如图 3-107 所示。

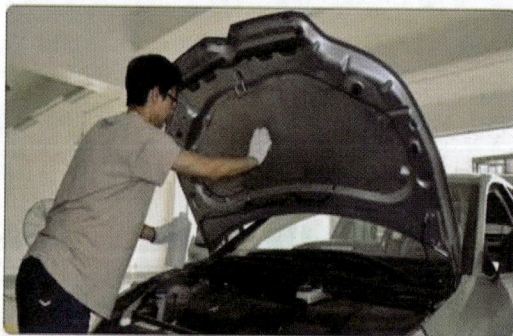

图 3-107　拆卸隔热板

（2）发动机盖进行减振处理

先拆除原车普通的发动机盖膜，然后清洁干净，再粘贴减振材料，粘贴时须把单薄的铁皮与主梁连接成一体，如图 3-108 所示。

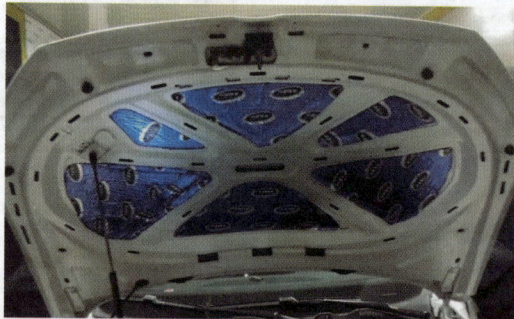

图 3-108　粘贴减振材料

（3）发动机盖进行隔音／隔热处理

发动机盖长期受发动机的高温烘烤，容易导致发动机盖漆面过早老化、脱色而失去光泽。为了防止发动机盖过早老化，首先对发动机盖进行隔音处理，阻隔发动机噪声向驾驶室内的传递，再粘贴发动机盖隔热膜，并用胶扣固定（见图3-109），通过隔热膜大量反射发动机热量，保护发动机盖，如图3-110所示。

图 3-109　一次性固定胶扣

图 3-110　粘贴隔音／隔热材料

（4）封边

使用封边胶带（见图3-111）将贴覆好的发动机盖隔热膜封边即可，如图3-112所示。施工后无须将原厂隔热板复原。

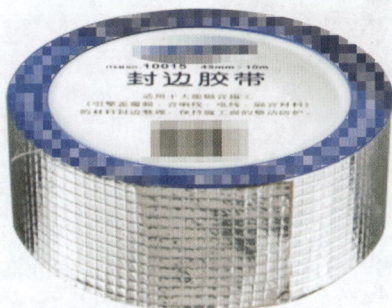

图 3-111　封边胶带

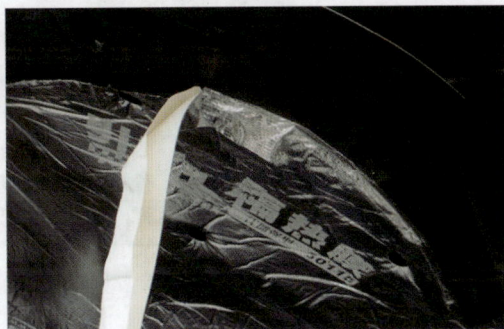

图 3-112　隔热膜封边

5. 底盘装甲

汽车底盘装甲的学名是汽车底盘防撞防锈隔音底漆，它是一种高科技的黏附性橡胶沥青涂层。它具有无毒、高遮盖率、高附着性等优点，可喷涂在车辆底盘、轮毂、油箱、汽车下围板、行李箱等暴露部位，快速干燥后形成一层牢固的弹性保护层，可降低噪声，防止飞石和沙砾的撞击，避免潮气、酸雨、盐分对车辆底盘金属的侵蚀，防止底盘生锈和锈蚀，保护驾驶员的行车安全，如图3-113所示。

底盘装甲是近几年底盘防锈护理的新项目。虽然叫法不同，但都是在汽车底盘的下面喷涂一层2～4mm厚的弹性密封材料，犹如给车的底盘穿上一层厚厚的铠甲。底盘装甲是对这一技术进行的形象描述。底盘装甲施工简便，操作流程如下。

（a）施工前　　　　　　　　　　　　（b）施工后

图 3-113　底盘装甲对比图

（1）车辆上举升机，并拆掉 4 个轮胎及护板等。

（2）底盘用高压水枪冲洗或用大毛刷刷洗，干净度要达到 99% 以上。

（3）清洁后的底盘用风枪吹干，干燥度要达到 99.9%，才不会直接影响装甲效果。

（4）遮蔽保护不喷底盘装甲的位置，遮蔽位置为制动部分、发热部分、活动部分、发动机底部、传感器和周边漆面影响区域等，如图 3-114 所示。

图 3-114　遮蔽不喷涂的部位

（5）喷涂时要喷涂均匀，注意细小部位也要喷涂。

底盘装甲喷涂完毕后要注意防水，等待完全干透。喷涂施工时的注意事项如下。

① 底盘清洁要求清洁干净，特别是死角。

② 底盘风干一定要完全干燥。

③ 遮蔽保护要到位，不能喷的要全遮蔽，包括四周漆面。

④ 喷涂时要做好个人安全防护。

6. 降噪施工后的质量鉴定

整个降噪工艺完成后，需要对降噪的质量进行测定，除了可以通过驾乘人员的主观感受来判断外，也可以使用分贝仪分别测定车辆施工前后车内噪声的变化，如图 3-115 所示。一般以 60km/h、80km/h 和 120km/h 的车速行驶在相同路段来模拟车辆不同的行驶状态。从数据上看，如果噪声数据分别减小 2dB 以上，降噪效果就比较明显。

图 3-115　使用分贝仪测定车内噪声

提示

做降噪工艺时，由于不同的人对声音的敏感程度不同（几分贝甚至是十几分贝的差异），不同的人感受都会不一样。所以，在操作之前一定要记下在何种车况（如 60km/h）下测量的噪声。降噪工艺完成之后，再在同样的车况下进行测试，就可以看出降噪的效果。如果不注意这一点，一旦遇上纠纷会很难处理。

知识拓展

（1）在粘贴减振材料或隔音材料时，如果车身上原厂减振材料干裂或折起，要先清除损坏的原厂减振材料，再进行粘贴。

（2）车身其他噪声依然有很多，比如天窗振动噪声及风哨等，其处理方法可参考本系列教材的第四本书——《汽车车身检测与校正技术（AR 版）》中模块四的学习任务一的内容。

任务总结

降噪前　降噪后

车身密封与降噪工艺

AR 汽车钣金

微课

车身密封与降噪工艺

1. 车身密封性的影响因素

在维修车身时，要注意维修线路时、维修车窗时、维修车门时、维修车顶时和车身焊接时的要点，以免影响车身的密封性。

2. 噪声来源

汽车噪声的来源基本上可以归纳为 5 个方面，即发动机噪声、轮胎噪声、空气噪声（风噪）、车身共振噪声和排气噪声。

3. 降噪工艺

基本按先减振，再吸音和隔音，最后密封的步骤进行。进行降噪作业的集中部位包括车门、发动机盖、行李箱、地板、轮罩上部。

4. 降噪材料

降噪材料包括减振材料、隔音材料和隔热材料等，它们各有优势。

5. 铺设方式

减振材料既可单层又可双层满铺于钣金件上，也可以分块粘贴于钣金件上，只要贴实面积达到需要制振面积的 50% 以上即可达到理想效果。

6. 综述

车身密封项目涉及车损修复工艺，在前文中已有相关介绍。而降噪工艺属于车身维修中的增值项目，对于在保的新车，并不建议做全车隔音，在车况最好的时候，不要贸然施工，因为安装工艺的缺失可能会导致各类异响的产生。而对于一些过保、年头较长的车辆，由于各部件的间隙增大，所以噪声较新车时会大不少，这时进行降噪会使减噪效果更加明显。总而言之，全车隔音对于降低车内噪声来说效果是有的，但绝不是万能的，毕竟车辆的静音效果是由多方面因素决定的，维修人员要有一个理性的认识。

□ 问题思考 □

（1）简述车身密封性的定义。
（2）在维修车身时，要注意哪几方面以保证车身的密封性？
（3）汽车噪声的来源有哪些？
（4）降噪材料有哪几种？铺设方式有哪些？
（5）简述车门降噪的工艺流程及注意事项。
（6）简述地板降噪的工艺流程及注意事项。
（7）简述行李箱降噪的工艺流程及注意事项。
（8）简述发动机盖降噪的工艺流程及注意事项。